Se Escribe Así

Dan Makin   Juan Kattán-Ibarra

Nelson

The authors wish to thank Lourdes Miguel for reading and advising on the manuscript and the staff and students of Ealing College for their help with the letters.

Thomas Nelson and Sons Ltd
Nelson House Mayfield Road
Walton-on-Thames Surrey
KT12 5PL UK

Thomas Nelson Australia
102 Dodds Street
South Melbourne
Victoria 3205 Australia

Nelson Canada
1120 Birchmount Road
Scarborough Ontario
M1K 5G4 Canada

© Juan Kattán-Ibarra and Dan Makin 1987

First published by Thomas Nelson and Sons Ltd 1987

I(T)P Thomas Nelson is an International
Thomson Publishing Company.

I(T)P is used under licence.

ISBN 0-17-439145-5
NPN 9 8 7

Printed in China

CONTENTS

INTRODUCTION

Se escribe así is a writing course aimed at beginners. Its main aim is to satisfy the basic communication needs of the student of Spanish through written language.

Each unit is based on a specific activity or linguistic function, e.g. personal identification (Unit 1), description of people (Unit 2), description of places (Unit 3).

The units have been ordered grammatically according to the degree of linguistic complexity of each communicative feature. The units include the basic structures of the language and simple and compound tenses in indicative and subjunctive moods.

In each unit the specific linguistic function is presented through models — letters, messages, notes, press extracts and short passages containing narrative, description, opinion etc. The model is a guide for the subsequent exercises in which it is hoped the student will write texts with a similar function.

At the end of each chapter is a brief chart containing the linguistic functions and expressions of the unit. This summary can be used both as a reference during the presentation of the unit and while doing the exercises and as a revision before proceeding to the following unit.

The alphabetical vocabulary which is included at the end of the book contains the majority of words and expressions used.

Phrases and expressions used in letter writing

The greeting

Informal
Querido Luis:
Querida María:
Querido tío Carlos:
Querida prima:

Formal
Muy señor mío: (Muy Sr. mío)
Muy señores míos: (Muy Sres. míos:)
Muy señor nuestro: (Muy Sr. nuestro:)
Muy señores nuestros: (Muy Sres. nuestros:)
Muy señora mía:(Muy Sra. mía:)
Muy señora nuestra: (Muy Sra. nuestra:)

More formal
Distinguido señor:
Distinguida señora:

Formal when the person is known
Estimado señor García:
Estimada señora Pérez:
Estimado Carlos:
Estimada Carmen:

The body of the letter

Formal
El objeto de la presente es . . .
La presente tiene por objeto. . . .
En respuesta (o contestación) a su carta de (fecha) 4 de octubre . . .
Acuso (o acusamos) recibo de su (atenta) carta de (fecha) 25 de enero (o del 25 de los corrientes) . . .
Me dirijo atentamente a usted para . . .

The ending

Informal
Abrazos
Besos
Muchos abrazos
Recibe un abrazo de (Pablo)
Hasta pronto

Formal
Atentamente (o atte.)
Le(s) saluda atentamente,
A la espera (o En espera) de sus noticias le(s)

saluda atentamente,
En espera de su pronta respuesta, le(s) saluda
atentamente,
Quedamos a su (entera) disposición y le(s)
saludamos muy atentamente,

The date

The date is written in the top right hand corner of the
letter and it is normally preceded by the name of the
place where it is being written. For example:

Madrid, 14 de abril de 19. .

Note that the month is usually written with a small
letter.

The addressee

In formal letters the name or position and address of
the person to whom the letter is being sent should be
written in the top left hand corner. For example:

Sra. María González
Calle Las Camelias 68, 4°, izq.
41001 Sevilla
España

Señor Director
Escuela Central de Idiomas
Avda. Marina 105
Alicante 03003
España

In letters to family or friends this is not necessary.
In the address Calle Las Camelias 68, 4°, izq., *68* is
the number of the building, *4°* shows on which floor
the flat is situated, and *izq.* (*izquierda*) identifies
the door.

The sender

The address of the sender is normally written on the
reverse of the envelope in the following way:

Rmte.: Peter Johnson
25 Sinclair Road
Londres, W14 6RJ
Inglaterra

Rmte. is the abbreviation of the word *remite* or
remitente, i.e. the sender.

Names

Remember that Spaniards and Latin-Americans have
two surnames. The first is the first surname of the
father and the second is the first surname of the
mother. For example:

María González Parra

In a letter normally only the first surname is used,
in this case *González*. The full name is generally used
in official situations.

MATERIAS

INTRODUCCIÓN

Se escribe así es un curso de redacción para principiantes cuyo objetivo fundamental es satisfacer las necesidades de comunicación básicas del estudiante de español a través del lenguaje escrito.

Cada unidad del libro está basada en una actividad o función lingüística determinada, por ejemplo la identificación personal (Unidad 1), la descripción de personas (Unidad 2), la descripción de lugares (Unidad 3).

Las unidades se han ordenado gramaticalmente según el grado de complejidad lingüística de cada acto comunicativo, y en ellas se han incluido las estructuras fundamentales del idioma y los tiempos verbales simples y compuestos, de indicativo y de subjuntivo.

La presentación se ha hecho a base de modelos de redacción que ilustran una función lingüística determinada, a través de cartas, notas, apuntes, noticias de la Prensa y breves párrafos narrativos, descriptivos, de opinión, etc. El modelo servirá de guía para la realización de las prácticas que le siguen, en las que se espera que el alumno pueda redactar textos con similar función.

Al final de cada capítulo se incluye un breve cuadro resumen de las funciones y expresiones lingüísticas correspondientes a la unidad. Este resumen podrá utilizarse como referencia durante la presentación del modelo y la realización de las prácticas y como revisión antes de proceder a la presentación de una nueva unidad.

El vocabulario alfabético que se incluye al final del texto contiene la mayor parte de las palabras y expresiones utilizadas a través de los 20 capítulos.

Frases y expresiones utilizadas en la redacción de cartas

El encabezamiento

Estilo familiar
Querido Luis:
Querida María:
Querido tío Carlos:
Querida prima:

Estilo formal
Muy señor mío: (Muy Sr. mío:)
Muy señores míos: (Muy Sres. míos:)
Muy señor nuestro: (Muy Sr. nuestro:)
Muy señores nuestros: (Muy Sres. nuestros:)
Muy señora mía: (Muy Sra. mía:)
Muy señora nuestra: (Muy Sra. nuestra:)

Más formales son
Distinguido señor:
Distinguida señora:

Formas más personales
Estimado señor García:
Estimada señora Pérez:
Estimado Carlos:
Estimada Carmen:

La parte principal de la carta

Estilo formal
El objeto de la presente es . . .
La presente tiene por objeto . . .
En respuesta (o contestación) a su carta de (fecha) 4 de octubre . . .
Acuso (o acusamos) recibo de su (atenta) carta de (fecha) 25 de enero (o del 25 de los corrientes) . . .
Me dirijo atentamente a usted para . . .

La despedida

Estilo familiar

Abrazos
Besos
Muchos abrazos
Recibe un abrazo de (Pablo)
Hasta pronto

Estilo formal

Atentamente (o atte.),
Le(s) saluda atentamente,
A la espera (o En espera) de sus noticias le(s)
saluda atentamente,
En espera de su pronta respuesta, le(s) saluda
atentamente,
Quedamos a su (entera) disposición y le(s)
saludamos muy atentamente,

La fecha

La fecha se pone en la parte superior derecha de la
carta y va generalmente precedida del nombre de la
ciudad desde la cual se escribe. Por ejemplo:

Madrid, 14 de abril de 19. .

Observe que los meses se escriben normalmente con
letra minúscula.

Las direcciones

En cartas de tipo formal se debe escribir en la parte
superior izquierda el nombre o título y dirección de la
persona a quien va dirigida la carta. Por ejemplo:

Sra. María González
Calle Las Camelias 68, 4°, izq.
41001 Sevilla
España

Señor Director
Escuela Central de Idiomas
Avda. Marina 105
Alicante 03003
España

Si se trata de una carta de tipo familiar, sólo se
escribe la dirección en el sobre.
En la dirección Calle Las Camelias 68, 4°, izq. *68*
corresponde al número del edificio, *4°* indica la planta
donde está situado el piso o apartamento, e *izq.*
(*izquierda*) identifica la puerta.

El remitente

La dirección de la persona que envía la carta se
escribe normalmente en la parte posterior del sobre,
de la siguiente manera:

Rmte.: Peter Johnson
       25 Sinclair Road
       Londres W14 6RJ
       Inglaterra

Rmte. es la abreviación de la palabra *remite* o
remitente, es decir, la persona que escribe.

Los nombres

Recuerde que los españoles e hispanoamericanos
tienen dos apellidos: el primero corresponde al
primer apellido del padre y el segundo al de la madre.
Por ejemplo:

María González Parra

En una carta se utilizará normalmente sólo el primer
apellido, en este caso *González*. El nombre completo
se emplea generalmente en situaciones oficiales.

UNIDAD 1

Identificación

M O D E L O 1

Información personal

> *Confidencial*
>
> Nombre .... María Cristina ....
> Apellidos ... Alcántara García ....
> Nacionalidad .. española ....
> Edad .. 17 años ....
> Estado civil ... soltera ....
> Dirección .. C. San Marcos, nº 671, Madrid ....
> Ocupación o actividad estudiante, Instituto Alfonso X
> Firma .. Cristina Alcántar ....

'Me llamo María Cristina Alcántara García, soy española, tengo diecisiete años, estoy soltera. Vivo en la Calle de San Marcos N° 671 de Madrid. Soy estudiante. Estudio en el Instituto Alfonso X en Madrid.'

Práctica

1 Llene este formulario con información sobre usted:

> Nombre . . . .
>
> Apellidos . . . .
>
> Nacionalidad . . . .
>
> Edad . . . .
>
> Estado civil . . . .
>
> Dirección . . . .
>
> Ocupación o actividad . . . .
>
> Firma . . . .

2 Escriba un párrafo similar al del Modelo 1 con información sobre usted.

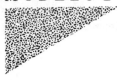

Información personal

'Mi nombre es Juan Santos, soy mexicano, nací en Veracruz el 23 de septiembre de 1954. Estoy casado y tengo dos hijos. Vivo en la Avenida Emiliano Zapata N° 310, en la ciudad de Guadalajara. Mi número de teléfono es el 43 65 78. Soy ingeniero y trabajo en una fábrica de automóviles.'

Práctica

1 Escriba párrafos similares al del Modelo 2 sobre estas personas:

Nombre	Julia Aguilar	María Vega
Nacionalidad	mexicana	española
Lugar y fecha de nacimiento	Monterrey, 12.11.64	Cádiz, 3.4.51
Estado civil	soltera	casada, 1 hija
Dirección	Calle Vélez, 64 Jalapa	Calle Leal, 33 Málaga
Teléfono	82 65 79	23 89 02
Ocupación o actividad	estudiante de idiomas	profesora
Lugar	universidad	instituto

2 Escriba un párrafo similar sobre usted. Empiece así: 'Mi nombre es . . .'

Carta de presentación

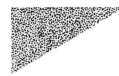

Querido Carlos:

Unas breves líneas sólo para comunicarte que un amigo mío viaja a Barcelona el mes que viene. Se llama Peter Brown, es inglés, de Londres y estudia en el mismo colegio que yo. Habla español bastante bien y es muy simpático. Peter tiene tu número de teléfono y tu dirección y seguramente te llamará. Escríbeme.

Abrazos, Pablo.

Práctica

1 Complete esta carta con información sobre Cristina Alcántara (Modelo 1):

'Unas breves líneas sólo para comunicarte que una . . . . viaja . . . .
Londres la semana . . . . viene. Se . . . . María Cristina Alcántara,
. . . . española, de . . . . y . . . . en el mismo instituto que yo.
. . . . bastante bien inglés y . . . . muy simpática.'

2 Escriba una carta similar presentando a un amigo suyo.

Identificación

Yo	soy	español/a de España estudiante
	estoy	casado/a soltero/a
	estudio	español en un instituto / en el Instituto Alfonso X
	trabajo	en una fábrica en Guadalajara
	hablo	español
	vivo	en la calle de San Marcos, número 673 en Madrid
El Ella Usted	es	inglés / inglesa de México ingeniero
	está	casado/a soltero/a
	estudia	inglés lenguas
	trabaja	en un instituto en una fábrica
	habla	inglés
	vive	en la Calle Leal, número 33 en Málaga

Nací en 1954	Nació en México
Me llamo Juan Mi nombre es Juan	Se llama María Su nombre es María

UNIDAD 2

Descripción de personas

ESPAÑOLES EN EL TRABAJO

Ana Luisa Olivares es realizadora de cine y televisión y trabaja en Radio Televisión Española. Ana Luisa tiene veinticinco años, es alta, morena, delgada, de ojos verdes. Es alegre y extrovertida. Está casada. Su marido se llama Andrés y es arquitecto. Andrés y Ana Luisa tienen dos hijos, de cuatro y de tres años. Durante su tiempo libre a Ana Luisa le gusta pintar. A Andrés le interesa el tenis y la natación.

Revista LEA

Sevilla, 4 de octubre de 1986

Práctica

1 Escriba descripciones similares sobre estas personas:

Esteban Fuensalida Díaz,
Estudiante,
Universidad de Granada

Descripción:
19 años, bajo, moreno, gordo, ojos negros; serio, amable; soltero.

Nombre y ocupación de los padres:
Juan Fuensalida, funcionario.
María Díaz, ama de casa.

Aficiones de Esteban:
los deportes, escuchar música moderna.

Pilar Alba del Río,
Psicóloga,
Clínica particular

Descripción:
29 años, alta, rubia, delgada, ojos azules; guapa, simpática; casada.

Nombre y ocupación del marido:
Felipe Giménez, hombre de negocios.

Hijos: una hija, edad 5 años.

Aficiones de Pilar y Felipe:
las corridas de toros, practicar deportes, leer.

2 Haga una descripción de las características físicas que usted puede observar en estas personas e imagine su edad, carácter, ocupación, intereses y vida familiar.

3 Escriba una carta a un/a amigo/a español/a describiendo a su hermano/a o a su familia. Para empezar la carta utilice: Querido/a amigo/a; o Querido/a Juan / María. Para terminar utilice: Abrazos / Un abrazo.

MODELO 2   Una carta de referencia

Zaragoza, 25 de junio de 1986

Muy señor mío:

En contestación a su carta del 12 de junio, en que nos solicita referencias sobre la señorita Caroline Jones, tenemos el gusto de informarle que la señorita Jones trabaja como auxiliar de inglés en nuestro instituto desde septiembre del año pasado. La señorita Jones es una persona responsable y digna de confianza y tiene gran iniciativa y sentido común. Tiene además un buen conocimiento del español hablado y escrito. La señorita Jones es realmente una de nuestras mejores auxiliares.

Le saluda atentamente,

Alicia Miranda

Alicia Miranda
Directora

Práctica

1 Usted necesita una carta de referencia de un profesor. Complete esta carta con la descripción que le gustaría recibir. Utilice algunas de estas palabras y expresiones:

Es responsable / irresponsable; puntual / poco puntual; competente / incompetente; eficiente / ineficiente; dinámico / poco dinámico; inteligente / poco inteligente; trabajador / perezoso.

Tiene modales agradables / poco agradables; buena presencia; sentido del humor; iniciativa / poca iniciativa; sentido común / poco sentido común.

Tiene un buen conocimiento del español / francés (etc.).
Domina perfectamente el español / ruso (etc.).
Habla / Entiende / Escribe muy bien el español / alemán (etc.).

Muy señor mío:

En contestación a su carta del . . . . , en que nos solicita

referencias sobre . . . . , tenemos el gusto de informarle que . . . . estudia

en . . . . desde . . . . El señor / La señorita . . . . es . . . . y tiene

. . . . Además, ... El señor / La señorita . . . . es realmente

. . . . alumnos/as.

2 Describa a su profesor/a usando algunas de las palabras y expresiones anteriores.

Para describir personas

Características físicas

Es	alto bajo
Tiene	los ojos verdes el pelo rubio

Carácter

Es	alegre y extrovertida responsable
Tiene	gran iniciativa sentido común

Intereses

A	Ana Luisa Andrés Esteban Pilar y Felipe	le gusta le interesa le gustan les interesan	pintar el tenis los deportes las corridas de toros

UNIDAD 3

Descripción de lugares

M O D E L O 1

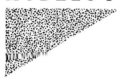

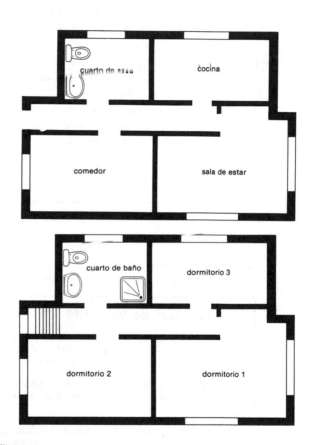

Querida Carmen:

En mi segunda carta quiero decirte algo sobre mi casa. Tú sabes que vivo con mis padres y mis dos hermanos.

Nuestra casa no es ni grande ni pequeña. Tiene un jardín muy bonito y un garaje. En el jardín hay muchas flores: geranios, rosas y claveles.

En la planta baja está la sala de estar, el comedor, la cocina y el cuarto de aseo. Detrás de la cocina está el jardín. En el primer piso hay tres dormitorios y un cuarto de baño.

Mi dormitorio da al jardín.

En mi dormitorio hay una cama, un armario donde tengo toda mi ropa, una mesa donde trabajo y hago los deberes, dos sillas y un estante donde tengo mis libros. También tengo un tocadiscos. Mi cuarto está pintado de amarillo y en el suelo hay una alfombra de color marrón.

El barrio es tranquilo y hay poco tráfico. Cerca de nuestra casa hay varias tiendas: hay una farmacia, una droguería, una carnicería, una panadería, un supermercado y también un bar. Además hay dos bancos y correos.

Espero que puedas ver la casa cuando vengas a Inglaterra y en tu próxima carta dime cómo es tu nueva casa.

Saludos a tu familia,

Jane

Práctica

1 Estudie este anuncio e imagine que éste es el piso donde usted vive. Escriba una descripción usando la información del anuncio.

Pisos de lujo de 96 a 150 m²

rodeados de jardines con árboles centenarios, piscina, guardería infantil, club social, enfermería, calefacción individual a gas propano centralizado, garajes subterráneos, conserje . . .

Situados en la Avda. de los Reyes Católicos de EL ESCORIAL,
entre la Casita del Príncipe y la estación de ferrocarril.

Excelentes comunicaciones:
con trenes diarios y las carreteras de La Coruña y Galapagar.

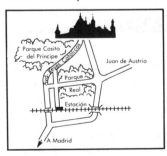

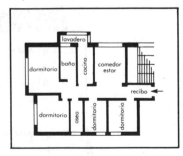

2 Escriba una carta a un/a amigo/a de habla española en la que describe la casa y barrio donde Vd. vive.

MODELO 2 · Una ciudad española

Barcelona es una ciudad española de Cataluña. Está en el nordeste de España, en la costa del Mediterráneo, a seiscientos kilómetros de Madrid. Es una ciudad de clima agradable. Barcelona es la ciudad principal de esta región y la segunda más grande de España. Tiene una población de dos millones de habitantes. Una gran parte de los habitantes de Barcelona trabajan en la industria.

Práctica

1 Describa en forma similar Valencia, Sevilla y Bilbao. Use el mapa y esta información:

Las seis ciudades más grandes de España de mayor a menor
1 Madrid (Comunidad de Madrid)
2 Barcelona (Cataluña / Catalunya)
3 Valencia (Comunidad Valencia)
4 Sevilla (Andalucía)
5 Zaragoza (Aragón)
6 Bilbao (País Vasco/Euzkadi)

Ciudad	A Madrid	Clima	Población	Economía
Valencia	356 km.	suave	600 mil	agricultura, Industria conservera
Sevilla	541 km.	verano, caluroso invierno, suave	555 mil	agricultura, industria
Bilbao	394 km.	suave y lluvioso	410 mil	ganadería, minería, industria pesquera

2 Complete el texto que sigue con esta información:

Una capital sudamericana
Santiago (Chile) 3.500.000 habitantes. Clima mediterráneo: inviernos cortos y suaves, veranos templados y agradables. Actividad económica: industria, comercio y agricultura.

Santiago . . . . la capital de . . . . La ciudad . . . . en el centro del país. Santiago . . . . una . . . . de 3.500.000 habitantes. El . . . . de Santiago . . . . mediterráneo. Los inviernos . . . . cortos y suaves y los veranos . . . . templados y agradables. Los habitantes de Santiago . . . . principalmente en la industria, el . . . . y la agricultura.

3 Escriba un párrafo similar sobre la ciudad de México usando esta información:

México D.F. *(México) 17.000.000 habitantes. Clima: veranos templados, inviernos frescos. Actividad económica: industria, comercio y turismo.

*La ciudad de México ocupa el Distrito Federal (D.F.)

4 Escriba una descripción sobre una ciudad o la capital de su país.

Para describir lugares

Situación

Barcelona La casa Detrás de la cocina	está	en el nordeste en Córdoba el jardín

Distancia

Está	a	600 kilómetros de Madrid

Características

Barcelona El barrio	es	una ciudad de clima agradable tranquilo

Existencias

En mi barrio En Barcelona	hay	una farmacia muchas industrias
Nuestra casa Barcelona	tiene	un jardín 2 millones de habitantes

UNIDAD 4

Vida diaria

MODELO 1

Enrique Villalba tiene cuarenta y ocho años y es director de una compañía de productos farmacéuticos de Barcelona.

El señor Villalba empieza a trabajar a las nueve de la mañana y termina a la una. Por la tarde su horario es de cuatro a ocho. Trabaja sólo de lunes a viernes.

El señor Villalba se levanta generalmente a las siete y cuarto de la mañana y luego de desayunar con su familia, escuchar las noticias y leer el periódico, se va a la fábrica en su coche. Tarda unos veinticinco minutos en llegar a su despacho.

Antes de comenzar el trabajo del día, lee la correspondencia y da algunas instrucciones a su secretaria. Normalmente tiene que asistir a reuniones con otros miembros de la compañía y visitar a clientes de la firma.

A la una el señor Villalba vuelve a casa a comer y regresa de nuevo a la fábrica a las cuatro de la tarde. Cuando termina su trabajo suele ir con algunos compañeros a un bar para tomar unas copas y charlar.

En casa, por la noche, cena con su familia y después lee o ve la televisión. Generalmente se acuesta sobre las doce.

Práctica

1 Escriba un relato similar desde el punto de vista del Sr. Villalba. Empiece así: 'Me llamo Enrique Villalba, tengo cuarenta y ocho años y soy director . . .'

2 Complete estos párrafos sobre Isabel Real con la forma correcta del verbo:

'Me llamo Isabel Real, tengo 19 años y (estudiar) en un instituto en Salamanca. Generalmente (levantarse) a las 8.00, luego (ducharse) y (vestirse). a las 8.30 (bajar) a la cocina y (tomar) un café y unas tostadas. A las 8.45 (salir) de casa y (coger) el autobús para ir al instituto.

Las clases (empezar) a las 9.00 de la mañana y (terminar) a la 1.00. Por la tarde (tener) clases de 3.00 a 6.00. Normalmente (comer) en casa con mis padres.

Después de clases (dar) un paseo con mis amigas, luego (volver) a casa y (hacer) los deberes. A veces (ver) la televisión o (leer) algún libro o una revista. Durante la semana (acostarse) generalmente a eso de las 11.30.'

3 Responda usted a estas preguntas y con sus respuestas escriba un relato sobre sus actividades diarias. Empiece así: 'Me llamo . . .'

a) ¿Cómo se llama usted?
b) ¿Cuántos años tiene?
c) ¿A qué se dedica? (¿Estudia o trabaja?)
d) ¿Dónde estudia/trabaja?
e) ¿A qué hora se levanta?
f) ¿Qué hace después de levantarse?
g) ¿A qué hora sale de casa?
h) ¿Cómo va al colegio/al trabajo?

i) ¿Cuál es su horario? (¿A qué hora empieza? ¿A qué hora termina?)
j) ¿Dónde come al mediodía normalmente?
k) ¿Qué hace cuando terminan sus clases/termina su trabajo?
l) ¿Qué suele hacer en casa por la noche?
m) ¿A qué hora se acuesta?

4 Use las mismas preguntas para entrevistar a un amigo o compañero de clase. Con sus respuestas escriba una descripción en tercera persona. Así: '(John) tiene 17 años y estudia en . . .'

Para expresar actividades diarias

Horario

Empieza a las 9.00
Termina a la 1.00

Trabaja de 9.00 a 1.00

Actividades

Se levanta a las 7.00
Vuelve a casa a comer
Suele ir a un bar

Transporte

Se va a la fábrica en su coche
Tarda unos veinticinco minutos

Obligaciones

Tiene que asistir a reuniones

UNIDAD 5

Recordando el pasado

M O D E L O 1

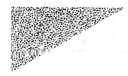

Recuerdo que . . .

Isabel era morena, de ojos marrones y tenía un bonito pelo castaño. No era guapa, pero sin embargo era atractiva. Tenía una nariz más bien pequeña y sus dientes eran muy blancos. Isabel no era alta ni baja. Era delgada y tenía unas manos finas y delicadas.

Cuando la conocí ella tenía veinte años. Recuerdo que solía llevar pantalones, una blusa y un jersey sobre los hombros.

Isabel era alegre y simpática. Tenía una sonrisa muy hermosa y siempre estaba de buen humor. Le gustaban las fiestas y los amigos. Siempre estaba rodeada de gente. Su pasatiempo favorito era la música.

Práctica

1 Haga una descripción en el pasado de una persona imaginaria o real.

2 Imagine que usted fue testigo de un atraco. La policía necesita una declaración suya para identificar al atracador. Responda a las preguntas de la policía y use las respuestas para escribir una descripción del atracador. El dibujo puede ayudarle en la descripción.

**Comisaría de Pueblo Hundido
Jefatura de Policía**

a) ¿Era un hombre o una mujer?
b) ¿Qué edad tenía, cree Vd.?
c) ¿Era alto o bajo?
d) ¿Cuánto medía aproximadamente?
e) ¿Era gordo o delgado?
f) ¿Era moreno, rubio o pelirrojo?
g) ¿Llevaba pelo largo o corto?
h) ¿Llevaba barba o bigote?
i) ¿De qué color tenía los ojos?
j) ¿Cómo era su cara?, ¿su boca?, ¿su nariz?, ¿sus orejas?
k) ¿Llevaba gafas?
l) ¿Qué ropa llevaba?, ¿de qué color?
m) ¿Tenía alguna característica especial?
n) ¿Cómo era su aspecto general?

3 Imagine que éste es el árbol familiar de una familia que usted conoció algunos años atrás. Complete el texto que sigue con la información correcta.

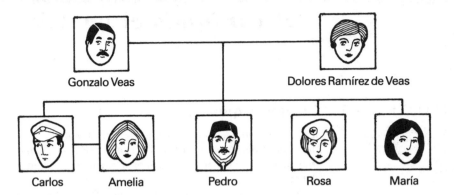

Gonzalo Veas — Dolores Ramírez de Veas

Carlos — Amelia — Pedro — Rosa — María

Gonzalo Veas tenía cincuenta y cinco años, ... ingeniero y . . . . casado
con . . . . Gonzalo y su esposa . . . . cuatro hijos. Su hijo mayor se
. . . . Carlos. Carlos . . . . militar, ... treinta y cuatro años y
. . . . casado . . . . Amelia que . . . . veintisiete. El menor de los hijos
. . . . Pedro que . . . . veintiocho años y . . . . médico. Rosa
. . . . dos años mayor que . . . . y trabajaba como . . . . María, que
. . . . treinta y dos años, ... actriz. Al igual que . . . . , María
. . . . soltera.

MODELO 2

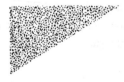

Recuerdos

El pueblo donde vivíamos se llamaba Villablanca. Nuestra casa estaba enfrente de la plaza y como todas las casas del pueblo estaba pintada de blanco.

Recuerdo especialmente los días de verano. Solíamos levantarnos muy temprano. Mientras mi madre preparaba el desayuno, el abuelo Carlos, que vivía en nuestra casa, iba a comprar el pan. Siempre tardaba mucho. Al viejo le gustaba charlar con los vecinos. Era su pasatiempo preferido. Cuando al fin volvía nos sentábamos a desayunar en la mesa del jardín. Después del desayuno mi padre se iba al despacho, mi madre a sus quehaceres y el abuelo y yo salíamos a andar.

Algunos días yo me iba al río a nadar y no volvía a casa hasta la hora de comer. Y después dormía la siesta. Hacía siempre mucho calor en Villablanca y a esa hora las calles del pueblo estaban desiertas.

A las cuatro o cinco empezaba de nuevo la actividad: la gente salía a sus puertas, las tiendas abrían y los pocos coches que había empezaban a circular por la Calle Mayor. Luego, por la noche, el paseo, los amigos y la copa en el bar . . . .

Práctica

Imagine que usted está recordando un pueblo o una ciudad donde vivió por algunos años. Escriba un relato similar al modelo diciendo:

a) ¿Cómo se llamaba el pueblo / la ciudad?
b) ¿Con quién vivía usted?
c) ¿Dónde estaba su casa?
d) ¿Cómo era su casa?
e) ¿Qué solía hacer usted en el verano?
f) ¿Cómo era la vida en el pueblo?

Para recordar el pasado

Descripción de personas

características físicas	Era morena Tenía los ojos marrones
carácter	Era alegre y simpática Siempre estaba de buen humor
forma de vestir	Solía llevar pantalones Llevaba pantalones
intereses	Le gustaban las fiestas Su pasatiempo favorito era la música

Descripción de lugares

situación	Nuestra casa estaba enfrente de la plaza
características	Estaba pintada de blanco
el tiempo	Hacía mucho calor
estado	Las calles estaban desiertas
existencia	El Hotel tenía una discoteca No había piscina

Acciones habituales en el pasado

Solíamos levantarnos temprano
Siempre tardaba mucho

Acciones simultáneas en el pasado

Mientras mi madre preparaba el desayuno el abuelo iba a comprar el pan.

UNIDAD 6

Narración

MODELO 1   **Diario de vida**

24 Sábado   Junio
Me levanté cuando sonó el teléfono. Era
José Luis. Me invitó al cine. Desayuné y
luego limpié mi habitación. Salí al
jardín a leer. Hacía mucho sol.
Al mediodía me arreglé y me fui de
compras. Me compré un vestido muy mo-
no y un par de zapatos para la fiesta
de fin de curso.
Comí en casa de Marisol. Fuimos a la piscina con su novio. ¡Hacía un calor terrible!
A las seis volví a casa. Estaba muy
cansada. Escuché música y leí.
Después de cenar salí a encontrarme con
José Luis para ir al cine. La película
me encantó. A José Luis no le gustó.
Después del cine fuimos a un bar. Allí
vi a Claudio. Estaba solo.
A la una José Luis me acompañó a
casa. Dijo que me llamaría mañana.

Práctica

1 Imagine que está escribiendo un diario de vida. Escriba un relato sobre lo que usted hizo ayer o el fin de semana.

2 Vuelva a escribir este pasaje usando la forma correcta de cada verbo:

Tomás es un estudiante de Artes de la Universidad de Jalapa, en México. Ayer lunes Tomás se levantó a las siete de la mañana. Luego de levantarse, se bañó, (afeitarse), (peinarse), (vestirse) y luego (desayunar). A las ocho menos veinte (salir) de su casa. (Coger) un autobús y (llegar) a la Universidad a las ocho menos cinco. Durante la mañana (tener) cuatro horas de clases. Al mediodía Tomás (volver) a casa a almorzar y (estar) allí hasta las tres de la tarde. A esa hora (tener) que volver a la Universidad. (Terminar) a las seis. Luego (ir) con dos de sus compañeros de curso hasta el centro de Jalapa.

Tomás y sus amigos (dar) un paseo por la calle principal. Allí ellos (encontrarse) con unas amigas y juntos (ir) a un café donde (charlar) durante largo rato. A eso de las ocho Tomás (despedirse) de sus amigos y (regresar) a casa. Una vez en casa (ver) un programa de televisión que le interesaba y después (hacer) algunos de sus deberes para el día siguiente: (traducir) un texto del inglés al español y (escribir) una redacción para la clase de geografía económica. A las nueve de la noche (cenar) con sus padres. Después de la cena (subir) a su habitación donde (responder) a una carta de un amigo suyo que vive en los Estados Unidos. Tomás (acostarse) a las once y media.

3 Escriba de nuevo el texto imaginando que usted es Tomás. Empiece así: 'Ayer lunes me levanté a las siete de la mañana. Luego de levantarme, me lavé . . .'

MODELO 2   Diario La Mañana

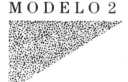

EMIGRANTES ESPAÑOLES VUELVEN AL PAÍS

Nuestro periódico entrevistó recientemente a algunos de los emigrantes españoles que han vuelto a España en los últimos dos años. Alvaro Martín, gallego, nos hizo un breve relato sobre su vida: 'Nací en La Estrada, en Galicia, el 26 de noviembre de 1938. Cuando tenía catorce años murió mi padre y tuve que dejar el colegio para trabajar y mantener a mi madre y a mis tres hermanos menores. Trabajé en el campo y mantuve a mi familia hasta que cumplí veintidós años. A principios del año 1961 decidí emigrar a Francia. Con mis ahorros compré un billete de tren y me fui a París; en París viví un tiempo con unos amigos

españoles hasta que encontré un trabajo en una fábrica. Trabajé como obrero por más de cinco años. Ganaba muy poco. Después conseguí un empleo en un restaurante donde me pagaban mejor.

'En 1968 conocí a Rosa, mi mujer, y dos años más tarde nos casamos. En 1972 nació nuestro primer hijo y en 1975 el segundo. Luego, en el año 1977 mi mujer y yo compramos una casita en La Estrada y al año siguiente dejamos París y regresamos a España.'

Sociedad

Domingo, 14 de febrero de 1987

Práctica

1 Imagine que usted trabaja para un periódico. Escriba un reportaje sobre la vida de Alvaro Martín. Empiece así: 'Alvaro Martín nació en La Estrada, en Galicia, el 26 de noviembre de 1938 . . .'

2 Escriba su autobiografía de Vd. Use algunas de estas frases si es necesario:

Nací en (lugar), el (fecha) . . .
En el año (1966) . . .
A la edad de (5 años) . . .
Cuando *tenía* (14 años) . . .
Un año después . . .
Al año siguiente . . .
En el (verano) de (1980) . . .
En (septiembre) del mismo año . . .
Fui por primera vez a la escuela . . .
Terminé mis estudios primarios . . .
Entré a un instituto . . .
Hice las siguientes asignaturas: (español, historia, etc.)
Continué estudios a nivel superior de: (francés, inglés, etc.)

Para narración

Secuencia de hechos

Me levanté cuando sonó el teléfono.
Desayuné y luego limpié mi habitación.
Después de cenar salí a encontrarme con José Luis.

Datos biográficos

Nací en La Estrada el 26 de noviembre de 1938.
Cuando tenía 14 años murió mi padre . . . tuve que dejar el colegio . . . me fui a París . . .
En 1972 nació nuestro primer hijo . . .

UNIDAD 7

Planes y propósitos

MODELO 1

Cáceres, 14 de abril de 1987

Querido David:

Tu carta fue una gran sorpresa. ¡Por fin vienes a España otra vez! Voy a ir al aeropuerto a buscarte pues ya sabes que tengo muchos deseos de verte. Estoy segura que lo vamos a pasar estupendamente.

Este fin de semana voy a estar ocupadísima. Mañana sábado voy a levantarme temprano y luego voy a salir de compras con mi hermana a comprar un regalo para Carmen, una amiga que está de cumpleaños. Por la tarde pienso arreglar mi habitación y también voy a ayudar a mi madre a limpiar la casa.

La fiesta de cumpleaños de Carmen es a las 9.30 de la noche y voy a ir con mi hermana y algunos amigos. ¡Qué lástima que no estés aquí ahora!

El domingo toda la familia va a salir de paseo en el coche. Vamos a ir a la sierra. Pensamos salir de casa a las 9.00 de la mañana pues queremos estar allí antes del mediodía. Vamos a pasar la tarde en la sierra a la orilla de un río. Esperamos volver a casa a eso de las 8.00

Práctica

1 Escriba una carta a un/a amigo/a describiendo sus planes para un fin de semana.
Use algunas de estas frases si es necesario:

levantarse temprano / tarde   escuchar música
quedarse en casa   ver la televisión
hacer la compra   leer algún libro / revista
salir de paseo   estudiar (asignatura)
reunirse con amigos   hacer los deberes
limpiar la casa / el coche   acostarse temprano / tarde

2 Imagine que éstos son los planes para el fin de semana de María Jesús, una
muchacha española. Use estas frases como base para un texto. Empiece así: 'El
sábado por la mañana María Jesús va a . . .'

Sábado

Por la mañana	va(n)	dormir hasta muy tarde
A las 2.00	piensa(n)	comer con unos amigos
Después de comer	quiere(n)	ir un rato a la piscina
Por la noche	espera(n)	salir a una discoteca con un amigo

Domingo

A las 10.00		ir a misa con sus padres
Después de misa	va(n)	visitar a unos parientes
Por la tarde	piensa(n)	quedarse en casa y descansar
Después de la cena	quiere(n)	estudiar un rato
Luego de estudiar	espera(n)	ver alguna película en la televisión

3 Lea este texto sobre los planes del señor Ricardo Palmás para un día de la semana:
El señor Ricardo Palmás forma parte del personal directivo de una industria
española. El lunes 4 a las 11.00 de la mañana el señor Palmás va a asistir a una cita
con el gerente del Banco Europeo para solicitar un crédito. Por la tarde, a las 4.30
va a llamar por teléfono a Buenos Aires para dar instrucciones al representante.

Ahora mire esta información y complete el texto con los planes y propósitos del
señor Palmás para el martes y miércoles:

Fecha	Planes	Propósitos
Lunes 4	11.00 Asistir a cita con gerente Banco Europeo	Solicitar crédito
	4.30 Llamar por teléfono a Buenos Aires	Dar instrucciones al representante
Martes 5	Preparar informe sobre visita al Japón	Presentarlo en la reunión
	17.00 Recibir a clientes de Arabia Saudita	Interesarles en nueva línea de productos
Miércoles 6	10.00 Reunirme con el personal de ventas	Informarles sobre los nuevos precios
	Reservar 3 habitaciones Hotel Conquistador	Alojar a grupo mexicano

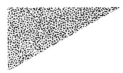

Plan de viaje

MINISTRO DE INDUSTRIA Y COMERCIO VISITA MÉXICO

Según se ha confirmado en fuentes oficiales, el Ministro de Industria y Comercio viajará próximamente a México y Venezuela en visita oficial, invitado por sus colegas en aquellos dos países hispanoamericanos. El Ministro saldrá de Madrid en vuelo directo a la Ciudad de México el 4 de mayo y permanecerá allí hasta el día 7. Durante su visita a la capital mexicana se entrevistará con el Ministro de Industria y Comercio de esa nación, discutirá importantes proyectos de intercambio comercial, visitará las instalaciones de la nueva fábrica automotriz hispano-mexicana, será recibido además por el Presidente de la República e inaugurará el Centro de Estudios Hispanos.

Práctica

1 Escriba un texto similar sobre la visita del Ministro a Venezuela. Empiece así: 'El día 7 de mayo el Ministro continuará viaje a Caracas donde . . .'

7 mayo México–Caracas
　　　　Recepción por parte de autoridades venezolanas
　　　　Almuerzo con el Presidente de la República
　　　　Firma de convenios comerciales y culturales
　　　　Reunión con la colonia española residente
　　　　Visita a los nuevos pozos petrolíferos de Maracaibo
　　　　Inauguración de puente aéreo entre Caracas y Madrid
10 mayo Caracas–Madrid

2 Imagine que el Ministro está relatando su plan de viaje a la Prensa. Escriba el Modelo 2 en la forma en que posiblemente se expresó el Ministro. Empiece así: 'Viajaré a México y Venezuela en visita oficial . . .'

3 Utilice la ruta de viaje para escribir una carta sobre unas vacaciones imaginarias. Explique:

Adónde irá en sus vacaciones	Qué países y ciudades visitará
Por qué irá allí	Cuánto tiempo se quedará en cada lugar
Por cuánto tiempo irá	Dónde se alojará
Con quién irá	Qué hará durante este tiempo
Cómo viajará	Cuándo volverá a su ciudad
De dónde saldrá y cuándo	Cuánto le habrá costado el viaje

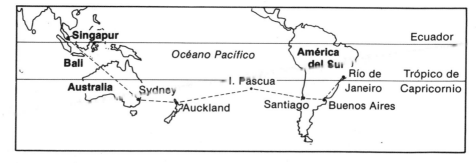

Para expresar planes

Voy Va	} a	ir al aeropuerto salir de compras
Pienso Piensa Espero Espera Quiero Quiere		escuchar música volver a casa solicitar un crédito discutir importantes proyectos

iré irá	al aeropuerto
saldré saldrá	de compras
escucharé escuchará	música
volveré volverá	a casa
solicitaré solicitará	un crédito
discutiré discutirá	importantes proyectos

Para expresar propósitos

Llamaré Llamaremos	por teléfono	para a fin de con el fin de	hablar con el representante darle instrucciones

UNIDAD 8

Haciendo un pedido

Birmingham, 27 de junio de 1986

Querida Carol:

Ya sabes que este año termino el segundo año de español y mi profesor me ha dicho que he aprendido bastante. Quiero continuar estudiando el español el año que viene. Veremos si puedo hacerlo.

Como este año quiero practicar un poco para mejorar mi nivel, te quiero pedir un favor: ¿me puedes enviar por correo aéreo algunas revistas y periódicos españoles? Me interesan sobre todo las revistas juveniles y de carácter general. Te las pagaré cuando nos veamos.

Un montón de gracias.

Un abrazo

Andrew

Práctica

Escriba una carta a un amigo de un país de habla española pidiendo que le envíe, por ejemplo: un disco, una cassette, revistas musicales, deportivas, carteles de corridas de toros, banderines de fútbol, libros españoles.

Utilice algunas de estas frases:

quisiera pedirte un favor . . .
¿podrías mandarme . . .?
lo más pronto posible . . .
Me interesa(n) especialmente . . .

Bristol, 8 de mayo de 1987

Editorial Cervantes
Avenida Isabel La Católica, 321, 2°
Madrid 3
España

Muy señores míos:

Acuso recibo de su atenta carta de fecha 26 de abril en la que me envía su último catálogo de publicaciones.

Les agradecería el envío por correo aéreo de su Nuevo Diccionario Ilustrado del Español Actual.

Les ruego atender mi pedido con la mayor brevedad posible. Adjunto cheque por la cantidad que corresponde.

A la espera de sus noticias, le saluda atentamente.

John Miles

John Miles

Práctica

Escriba una carta pidiendo uno de los siguientes textos:
Nuevo Curso de Español para Extranjeros
Panorama de la Literatura Española Actual
Costumbres y Tradiciones Hispanas
Atlas Turístico de España
Cuentos Hispanoamericanos

Utilice algunas de estas frases:
He recibido su atenta carta de (fecha) . . .
en la que me adjunta . . .
lista de publicaciones . . .
Les ruego mandarme . . .
Les agradecería despachar mi pedido . . .
lo más pronto posible . . .
Adjunto orden de pago . . .

Haciendo un pedido

¿Me puedes enviar ¿Podrías mandarme	por correo aéreo algunas revistas?

Le agradecería el envío de Les ruego mandarme	su *Nuevo Diccionario Ilustrado*

Otras frases útiles:
Te quiero pedir un favor
Quisiera pedirte un favor
Les agradecería despachar mi pedido
Con la mayor brevedad posible
Lo más pronto posible

UNIDAD 9

Indicando el camino

21 Grove Road
Salford
M62 4PL

6 de junio de 1986

Querida María Jesús:

En tu última carta me has hablado de una discoteca muy buena que se encuentra en Alicante. Como te dije en la carta que te envié hace un mes y medio, voy a estar en Benidorm con mis padres en agosto y quiero que me expliques cómo llegar allí desde Benidorm. Mándame instrucciones exactas.

Muchos abrazos,

Karen

Práctica

1 Escriba una carta similar a un/a amigo/a preguntándole cómo llegar a la cafetería 'TIBU'S' en Sevilla.

2 Escriba una carta a un/a amigo/a en un país de habla española, preguntándole cómo llegar a su casa desde la estación de autobuses.

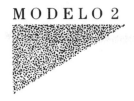

Valencia
15 - VI - 86.

Querida Karen:

¡Qué suerte tienes! Siempre vienes a España con tu familia.

Pues mira, es muy fácil llegar a la Discoteca "La Estrella Dorada". Primero tienes que tomar un autobús de Benidorm a Alicante. Cuando llegues a Alicante, sal de la estación de autobuses y tuerce a la izquierda. Sigue esa calle hasta llegar al segundo semáforo. Aquí, dobla a la derecha (la calle se llama San Juan) ve todo seguido y toma la cuarta calle a la izquierda. Es la calle de la Constitución y la Discoteca está a mano izquierda, es el número 25.

Seguramente vas a pasarlo bien, porque la última vez que estuve allí conocí a un chico muy guapo.

Abrazos, y que tengas suerte.

María Jesús

Práctica

1 Escriba una carta similar a un/a amigo/a dando direcciones para llegar a un sitio de interés cerca de su casa.

2 Mire el mapa de Sevilla. Dé direcciones a un/a amigo/a explicándole cómo llegar a la cafetería 'TIBU'S' desde la Plaza Nueva.

Sevilla

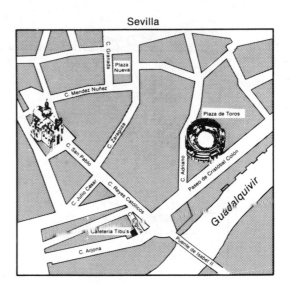

MODELO 3

Arata Pre-Packed Foods
Grove Industrial Estate, Richmond, Surrey.

Sr. Don Hugo Polanco Pérez
Alfaro Comestibles SA
Gran Vía 892
Madrid

Muy Sr. mío:

Dentro de un mes espero desplazarme a Madrid para discutir con
Vds. la posibilidad de establecer un arreglo comercial entre
nuestras dos compañías. Tenga la bondad de contestarme,
explicando cómo llegar a su oficina desde el aeropuerto.

Le saluda atentamente,

T. J. Connell

Timothy J. Connell
Jefe de Ventas

Práctica

Escriba una carta similar a un colega mexicano, preguntándole cómo ir desde el
aeropuerto a su oficina.

Alfaro Comestibles S.A.
Gran Vía 892
Madrid

Mr. T.J. Connell,
Arata Pre-Packed Foods,
Grove Industrial Estate,
Richmond,
Surrey.

Estimado Mr. Connell:

Acuso recibo de su estimada carta del 15 de los corrientes. Me alegro de que Vd. venga a visitarnos el próximo mes.

Para llegar a nuestra oficina, Vd. puede tomar un taxi desde el aeropuerto, pero resulta bastante caro. Si prefiere, puede tomar un autobús que le deja en la Plaza de Colón. De allí puede ir andando porque estamos muy cerca.

Salga Vd. de la terminal, vaya a la izquierda y llegará a la Avenida de la Castellana. Cruce la Avenida y doble a la izquierda. Baje por la Avenida hasta llegar a la plaza donde esta Correos. Aquí, Vd. tiene que girar a la derecha. Suba por esa calle hasta la Gran Vía, que está a mano derecha. Nosotros estamos en el primer bloque a la izquierda.

Atentamente,

Hugo Polanco

Hugo Polanco Pérez

Práctica

1 Escriba una carta a un cliente de su compañía explicándole cómo llegar a su oficina / casa, desde el aeropuerto / la estación de ferrocarril más cercano/a.

2 Mire el mapa de Madrid. Mande direcciones a un colega explicándole como ir de la Plaza de Colón a la Plaza de España.

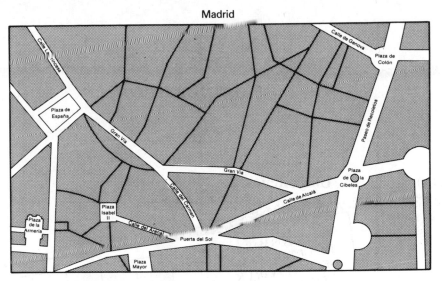

Madrid

Para preguntar e indicar el camino

Informal

Quiero que me expliques cómo llegar allí
Mándame instrucciones exactas

Tienes	que	tomar	el autobús
			la primera calle a la derecha
Sal	de la estación de trenes		
Sigue	todo derecho / recto		
	esa calle		
Dobla	a la izquierda		
Tuerce	a la derecha		

Formal

Tenga la bondad de mandarme el itinerario

Tiene	que	doblar a la derecha
		tomar el autobús
Salga	de la terminal	
Siga	esa Avenida	
Suba	por esa calle	
Doble	a la izquierda	
Tuerza	a la derecha	

37

UNIDAD 10

Comparaciones

MODELO 1 **Una encuesta a 200 jóvenes**

ASPECTOS MÁS IMPORTANTES AL SELECCIONAR UN TRABAJO	Finlandia	Francia	Grecia	Italia	Holanda	España	Suecia	Reino Unido
Que sea interesante	63	54	49	54	60	46	40	48
Seguridad a largo plazo	33	29	15	39	27	30	30	30
Dinero	42	31	41	26	25	30	41	40
Oportunidad de promoción	35	13	40	19	31	27	17	30
Oportunidad de viajar	4	31	13	9	9	24	17	13
Que sea estimulante	7	12	9	28	23	7	19	20
La cantidad de trabajo	5	11	14	6	1	9	15	6
Ayudar a otra gente	11	19	19	19	24	27	21	13

Cambio 16

(Las cifras corresponden al número de personas que seleccionó cada respuesta)

Para la juventud española, el aspecto más importante al seleccionar un trabajo es que éste sea interesante y agradable, mientras que lo menos importante es que sea estimulante. La oportunidad de promoción tiene más importancia que la oportunidad de viajar, mientras que la seguridad a largo plazo es tan importante como el dinero.

Práctica

Escriba una comparación similar para la juventud británica, considerando los siguientes aspectos del trabajo:

a) Que sea interesante y agradable

b) La cantidad de trabajo

c) La oportunidad de promoción / el dinero

d) La oportunidad de viajar / el ayudar a otra gente

MODELO 2  Para los italianos, al igual que para los griegos, lo más importante al seleccionar un trabajo es que éste sea interesante y agradable. Para los primeros, lo que menos importa es la cantidad de trabajo. En cambio, para los segundos, lo menos importante es que el trabajo sea estimulante. La posibilidad de ayudar a otra gente tiene tanta importancia para los unos como para los otros.

Práctica

1 Escriba una comparación similar con relación a los holandeses y españoles, considerando:

a) El aspecto más importante

b) El menos importante

c) Un aspecto de igual importancia para ambos grupos

2 Complete este texto con su propia opinión:

Para mí lo más importante al seleccionar un trabajo es........., en cambio lo menos importante es .... La seguridad a largo plazo tiene para mí (mayor / menor / tanto) valor (que / como) el dinero. En cuanto a la oportunidad de promoción y la oportunidad de viajar, en mi opinión, la primera es (más / menos / tan) importante (que / como) la segunda. El que el trabajo sea estimulante tiene para mí (mucha / bastante / poca / escasa) importancia.

MODELO 3

Países de habla española de la América Central				
País	Superficie	Población	Densidad/km^2	Capital
Guatemala	108.889	6.577.000	60	Guatemala, 1.300.000 hab.
El Salvador	21.393	5.300.000	248	San Salvador, 681.656
Honduras	148.000	4.092.175	23	Tegucigalpa, 533.626
Nicaragua	148.000	2.908.000	23	Managua, 615.000
Costa Rica	49.827	2.450.226	39	San José, 372.312
Panamá	75.442	1.830.175	20	Panamá, 402.000

Los dos países de habla española más grandes de la América Central son Honduras
y Nicaragua. El país más pequeño es El Salvador. El Salvador es el país
centroamericano que tiene mayor densidad de población, con 248 habitantes por
kilómetro cuadrado. El de menor densidad es Panamá, con sólo 20 habitantes por
kilómetro cuadrado. De las ciudades capitales, Guatemala, capital de la República de
Guatemala, es la mayor con un total de 1.300.000 habitantes. La menor es San José,
capital de Costa Rica, con sólo 372.312.

Práctica

1 Escriba una comparación similar en relación a los países de habla española de las
Antillas. Empiece así: '*De los países de habla española de las Antillas, el más
grande es . . .*'

Países de habla española de las Antillas				
País	**Superficie**	**Población**	**Densidad**	**Capital**
Cuba	114.524	10.000.000	66	La Habana, 1.800.000
República Dominicana	49.542	5.982.000	95	Santo Domingo, 900.000
Puerto Rico*	8.896	3.196.520	303	San Juan, 695.055

*El Estado Libre Asociado de Puerto Rico forma parte de los Estados
Unidos de América.

2 Estudie esta tabla y escriba comparaciones con respecto a las diferencias de altitud y población de cuatro capitales de la América Latina:

Capital	País	Altitud (metros)	Población
México D.F.	México	2.300	17.000.000
Caracas	Venezuela	1.030	2.576.000
Bogotá	Colombia	2.700	4.486.000
La Paz	Bolivia	3.600	900.000

Para hacer comparaciones

Positivo	La oportunidad de promoción tiene más importancia que la oportunidad de viajar. La seguridad a largo plazo tiene mayor valor que el dinero.
Negativo	La oportunidad de viajar tiene menos importancia que la oportunidad de promoción. La primera es menos importante que la segunda.
De igualdad	La seguridad a largo plazo es tan importante como el dinero. Tiene tanta importancia para los unos como para los otros.
Superlativo	El aspecto más importante es que sea interesante. El menos importante es que sea estimulante.

UNIDAD 11

Dando instrucciones

MODELO 1

Madrid, 6 de julio de 1986

Querida Susan:

Nos parece muy bien que tú y tu hermano os quedéis en nuestro apartamento mientras nosotros estamos de vacaciones. Para nosotros es una tranquilidad saber que vosotros estáis allí.

Os dejaré las llaves con el portero, que vive en la planta baja. Ya he hablado con él y le he dado tu nombre. También quiero pedirte lo siguiente:
- riega las plantas dos o tres veces por semana.
- da de comer al canario. La comida está al lado de la jaula.
- saca la basura los martes y los jueves por la mañana.
- recoge la ropa de la tintorería. Aquí está el recibo.
- al salir de la casa deja las ventanas y puertas cerradas.
- desconecta el contador de la luz y apaga el gas.
- escríbeme una nota si pasa algo.
- cuando regreses a Londres deja las llaves con el portero.

Espero que disfrutéis de vuestra estancia en Madrid. Te enviaré una postal desde San Sebastián.

Abrazos,

Marisol

Práctica

1 Un amigo suyo que no habla inglés va a quedarse en su casa durante su ausencia. Escríbale una carta diciéndole dónde puede recoger la llave y déle una lista de instrucciones. Por ejemplo: llevar de paseo al perro, regar el jardín, dejar una luz encendida si sale por la noche, etc.

2 Usted está de visita en casa de un amigo de habla española. Al salir por la mañana su amigo le dejó a usted esta nota.

Peter:

Estaré todo el día fuera de casa.
Por favor llama por teléfono al Cine Castilla
y reserva dos entradas para la sesión de
las 9.00

Mario

Ahora escriba usted notas similares usando algunas de estas frases: compra dos billetes, saca dos entradas, reserva una mesa, reserva una habitación, etc.

MODELO 2

Mérida, 9 de Agosto de 1986.

Querida Karen:

Me alegré mucho de recibir carta tuya otra vez
y de saber que has terminado todos los exá-
menes y con éxito. ¡Te felicito! y espero que
disfrutes de tus próximas vacaciones en Florida.
Te las mereces.
Me pides que te envíe la receta para hacer
guacamole. Es bastante sencilla y no necesitas
muchos ingredientes. Aquí te envío la receta
que he copiado de un libro de cocina mexicana.
¡Buena suerte y buen provecho!
Abrazos.

Rosa

GUACAMOLE

Ingredientes:
2 aguacates grandes, maduros
1 cucharada de cebolla picada muy fina
2 cucharaditas de chile picado muy fino
1 tomate, pelado y picado
1 cucharada de culantro fresco, picado
Sal y pimienta

Método:
Primero se pelan los aguacates y se sacan
los huesos. Se muelen los aguacates con
un tenedor hasta hacer un puré. Después
se echan los otros ingredientes. Se cubre
el guacamole con papel de aluminio y se
pone en la nevera hasta el momento de
servirlo. Se puede comer con pan o con
ensalada antes del plato principal.

Práctica

1 Escriba esta receta en forma similar a la receta del modelo. Empiece así: Primero se
hierve el agua con sal. Se cortan . . .

SOPA DE AJOS	
Ingredientes:	**Método:**
2 dientes de ajo	Primero hierva el agua con sal. Corte los
2 cucharadas de aceite	ajos, fríalos en una sartén, añada el
1 cucharilla de pimentón	pimentón. Luego eche todo en el agua.
sal	Añada al agua unas rodajas de pan
media barra de pan en rodajas	y sirva bien caliente.
$1\frac{1}{2}$ litros de agua	

2 Escriba una carta similar a la del modelo enviando a una amiga una receta de
cocina, de un plato nacional o regional, un postre, un pastel o una tarta o una
bebida.

Dando instrucciones

Informal

Riega Da Saca	las plantas de comer al canario la basura
Recoge Escríbeme	la ropa de la tintorería una nota si pasa algo

Formal

Corte	los ajos
Roba Añada	la sopa bien caliente al agua unas rodajas de pan

Impersonal

Se pelan	los aguacates
Se pone Se cubre	en la nevera con papel de aluminio

UNIDAD 12

Descripción de un objeto

MODELO 1

Zaragoza, 19 de octubre de 1986

Querida Anne:

Ayer fue mi fiesta de cumpleaños. Había mucha gente y fue muy divertido. ¡Qué vieja soy! Ya he cumplido 17 años.

Gracias por tu tarjeta, es preciosa. David también me ha escrito una. ¿Te acuerdas de él?

Mis padres me han regalado un reloj Longines, que es una marca suiza, de oro y automático y de forma muy moderna. Me ha hecho muchísima ilusión. Mi hermana Luisa me ha regalado una blusa de seda italiana, estampada en blanco y azul, de manga larga y cuello redondo. Es muy bonita. Ya te la enseñaré cuando vengas a España.

¿Sabes qué me ha comprado José Luis? Pues... una máquina fotográfica japonesa, automática de bolsillo. Estoy muy feliz. Tú sabes que me encanta hacer fotos. Te enviaré una foto de mi fiesta. Hay algunas muy divertidas.

Avísame de cuándo llegas para ir a esperarte al aeropuerto. Lo pasaremos estupendo, ya verás.

José Luis y mi familia te envían muchos recuerdos.

Hasta pronto

Mari Carmen

Práctica

1 Escriba una carta a un amigo describiendo algunos de los regalos que usted recibió en su cumpleaños o en Navidad.

2 Un amigo o un familiar suyo se ha comprado un nuevo coche. Escriba un párrafo haciendo una descripción del coche. Incluya esta información:

Escort XR3	Modelo base
PRESTACIONES	
Velocidad máxima	182 km/h
Aceleración 0 a 100	9,7 s.
CONSUMOS	
A 90 km/h	6,9
A 120 km/h	8,9
En ciudad	10,2
MEDIDAS	
Peso en kg.	895
Anchura	1,64 m.
Longitud	3,97 m
Número de servicios pos-venta. Todas ciudades y pueblos importantes. Garantía	6 meses
PRECIO	1.180.000

Marca:	Ford
Modelo:	Escort XR3
No. de puertas:	2
No. de plazas:	4
Color:	verde

Use algunas de estas palabras y frases:

Es un coche marca . . . modelo . . . , tiene . . . puertas y . . .

plazas, es de color . . . y alcanza una velocidad máxima de . . .

Consume . . . litros de gasolina a 90

kilómetros por hora.

A 120 km/h . . . y en ciudad. . . .

El coche pesa . . . , mide . . .

de ancho por . . . de largo.

Tiene una garantía de . . . y cuesta . . .

El Director   14 Calvert Close
Hotel Bellamar   York
Cádiz   23-11-86

Muy Sr. mío:

Recientemente he regresado de su hotel donde creo haber dejado mi cartera y algunos efectos personales que llevaba en ella. Por tratarse de objetos de cierto valor le agradecería que hiciera las averiguaciones correspondientes.

A continuación hago una breve descripción de cada objeto:

- una cartera de piel, de color marrón, por valor de unas 7.000 pesetas
- un transistor portátil, marca Toshima, de dos bandas (AM y FM), con antena telescópica y provisto de auricular, de dos pilas, por valor de 12.900 pesetas
- una calculadora de bolsillo, marca Exacta, con pila solar, extraplana, de ocho dígitos, provista de memoria independiente, por valor de 5.000 pesetas

En espera de su pronta respuesta, le saluda atentamente

Jean Ross

Jean Ross

Práctica

1 Durante unas vacaciones en el extranjero usted perdió un bolso con algunas cosas personales. Al regresar a casa escribió a la compañía de seguros para reclamar el valor de los objetos perdidos. Escriba una carta similar a la anterior y utilice esta información en la descripción de cada objeto:

a) Objeto: un bolso
   Material: piel
   Color: negro
   Valor: 9.500 pts.

b) Objeto: un reloj
   Marca: Oriente
   Modelo: Cuarzo
   Características: caja de acero inoxidable, calendario automático, provisto de alarma.
   Valor: 6.900 pts.

c) Objeto: un secador de pelo
   Marca: Veloz
   Modelo: Compacto
   Color: rojo
   Valor: 2.500 pts.

2 Usted vuelve a su país después de pasar varios meses en un país de habla española. Antes de regresar decide vender ciertos objetos. Escriba anuncios similares al de este modelo haciendo una descripción de cada objeto:

> **VENDO TOCADISCOS USADO**
> marca Garrard, tres velocidades, casi nuevo, 4.000 pts. Llamar al teléfono 576 42 13 entre 6 y 8 de la tarde. Preguntar por Simón.

Use en sus notas información de estos anuncios:

Tel = teléfono
Ptas. = pesetas
B y N = blanco y negro
hab. = habitaciones
com. = comedor

fac. = facilidades
Entr. mín = entrada mínima
inform. = información
Sáb. = sábados
fest. = festivos

VENDO mobiliario clásico tienda Oport 2017239
VENDO despacho rústico español Tel. 2174910
MOBILIARIO oficina de ocasión Valencia, 571 Tel. 2458137
BUFET estilo inglés. Ptas 30,000 T 2043155
VENDO armario y taquillón, rústicos, en madera. Buen estado. Tel. 2369382, noches
M. OFICINA, liquidamos restos serie Muntaner, 184 (París)
VENDO sofá rinc. 2m x 2m 25,000 Tel. 3136775

M. OFICINA, bajos precios, renovación, stoc, ocasiones, reparaciones. Guipúzcoa, 33 T 3078400
M. OFICINA directos de fábrica, reparaciones. Mallorca, 332 (Bailén). 2574758
VENDO dormitorio soltera, armario, mesita y cama con somier. 5.000 ptas, taquillón E Castellano 4.000 ptas, y TV Inter B y N 5.000 ptas. Tel. 2235895
VENDO colchón matrimonio Pikolín Springuell 10.000 Tel. 2048927

Descripción de un objeto

Es		un reloj suizo automático muy bonito
	de	manga larga cuello redondo
Tiene		manga larga cuello redondo

Una cartera Un transistor Una calculadora	de	piel color marrón dos bandas bolsillo

Un transistor Una calculadora	con	antena telescópica pila solar

Un transistor Una calculadora	provisto/a de	auricular memoria

UNIDAD 13
Opiniones

MODELO 1

Barcelona,
6.VII.86.

Querido John:

Todos los domingos durante la temporada voy a ver un partido de fútbol. Creo que el equipo de Barcelona es el mejor de España, y, a mi modo de ver, el mejor del mundo. En mi opinión los jugadores son estupendos y me parece que van a ganar al Real Madrid en el Campeonato Nacional. No estoy de acuerdo con los comentarios de los periódicos que opinan que el Sporting de Gijón es el equipo más experto. Para mí, el Barcelona es magnífico. ¿Qué opinas tú sobre el fútbol inglés? Escríbeme pronto explicando lo que piensas de los equipos ingleses.

Abrazos,

Pedro.

Práctica

1 Conteste la carta de Pedro, expresando su opinión sobre el fútbol inglés.

2 Escriba una carta similar, expresando su opinión sobre cualquier otro deporte, o sobre un/a cantante famoso/a.

43, Acacia Avenue
Coventry,
West Midlands.
6 de septiembre

Querida Lourdes

Me dijiste en tu última carta que
vas todos los domingos a la iglesia.
Creo que para nosotros los ingleses
la religión no es tan importante como
lo es para vosotros los españoles. No
estoy de acuerdo con tus opiniones, y
a mi modo de ver no es necesario ir a
la iglesia para ser una buena persona.
Pienso que puedo ayudar a los pobres sin
creer en Dios, además, la iglesia
necesita una cantidad enorme de dinero
que, a mi parecer, se podría distribuir
de otra forma.

En Inglaterra, por los inmigrantes que viven
aquí, se practican varias religiones. Las
estudiamos en la escuela, y pienso que
está bien porque así se aprende algo
de otras culturas. Me gustaría
saber lo que piensas de mis ideas y
tus propias opiniones sobre la religión.

Recibe un abrazo de Mary

Práctica

Escriba una carta similar a un/a amigo/a español/a dando su propia opinión sobre la
religión.

M O D E L O 3   El divorcio en España

Después de un debate parlamentario muy largo se ha introducido el divorcio en España. Mucha gente no está de acuerdo con la nueva ley porque en su opinión el divorcio va a destruir la familia. Según su opinión es importante, para el bienestar de los hijos, mantener la unidad familiar. La iglesia tampoco lo acepta porque considera que elimina el aspecto sacramental del matrimonio.

En cambio, muchas personas opinan que la ley es buena porque da más libertad a los españoles. Las feministas, por ejemplo, aceptan el divorcio porque a su parecer ayuda a la mujer en la sociedad. Los jóvenes dicen que a su modo de ver permite controlar la influencia de la iglesia en la sociedad contemporánea.

Práctica

1 Escriba un párrafo, dando sus opiniones sobre el divorcio.

2 Escriba un párrafo similar al del modelo expresando las distintas opiniones sobre el terrorismo.

Palabras y frases útiles:

La religión:
Soy / No soy creyente.
Voy / No voy a misa / a la iglesia.
Soy / No soy una persona religiosa.
Hoy hay más / menos gente practicante.
Hay más / menos creyentes.
La religión juega / no juega un papel importante.
Hoy en día la religión es más / menos importante que antes.
La enseñanza de la religión es / no es importante para la formación del individuo.
La enseñanza de la religión debería / no debería ser obligatoria.
La iglesia marcha / no marcha al par con los cambios sociales.

El divorcio:
El divorcio (no) es necesario.
El matrimonio (no) es para toda la vida.
El divorcio puede afectar a los hijos.
El matrimonio en conflicto afecta a los hijos.
Hoy en día mucha gente se divorcia.
El divorcio se debe a los problemas económicos / el aburrimiento / la falta de tolerancia.
La pareja debe tener derecho a decidir si quieren continuar viviendo juntos.
La pareja debe hacer un esfuerzo para continuar viviendo juntos.

El terrorismo:
Los terroristas.
El terrorismo ha aumentado.
Los atentados terroristas son comunes hoy en día.
El terrorismo es el resultado de la violencia en el mundo de hoy.
El Estado debe luchar más enérgicamente contra el terrorismo.
Los países deben unirse para combatir el terrorismo.
Mucha gente inocente sufre o muere a causa del terrorismo.

Para expresar opiniones

Creo Pienso Opino Considero	que	el equipo de Barcelona es el mejor de España
Me parece		es el mejor del mundo la religión no es importante
A mi parecer A mi modo de ver En mi opinión Para mí		no es necesario ir a la iglesia

Piensa(n) Opina(n) Cree(n) Considera(n)	que	
Le(s) parece		el divorcio va a destruir la familia el divorcio reduce la importancia de la religión
A su parecer A su modo de ver En su opinión Para él		

Según	creo mi opinión
	cree su opinión

UNIDAD 14

Gustos y preferencias

MODELO 1

Sevilla, 9-XII-86

Querida Joanna:

Recibí tu carta la semana pasada. Me encanta que vayamos a escribirnos. En esta carta voy a describir lo que me gusta hacer.

Me interesan mucho los idiomas, porque me gusta hablar con personas de otros países. Durante la semana no salgo nunca, pero los fines de semana suelo ir al centro con mis amigas. Es muy agradable ir de tiendas para comprar ropa nueva. No me interesan en absoluto las discotecas —prefiero ir a casa de mis amigas a escuchar música.

¿A ti qué te gusta hacer? Escríbeme pronto describiendo tus gustos y preferencias.

Abrazos,

Teresa

Práctica

Conteste la carta de Teresa.

MODELO 2   Como paso mis vacaciones

Me gustan mucho las vacaciones. Prefiero las del verano porque hay tantas cosas que hacer. Si hace buen tiempo es muy agradable trabajar un poco en el jardín, y después sentarme al sol. Me gusta tener muchas flores en el jardín, pero prefiero las que son fáciles de cultivar. A mis amigos les gusta visitarme porque les agrada tomar el sol en el jardín, y ¿sabes lo que les gusta más? ¡Beber Coca Cola!

Práctica

1 Escriba una descripción de lo que a esta persona le gusta hacer durante sus vacaciones. Empiece así: 'Le gustan mucho las vacaciones . . .'

2 Escriba un párrafo similar explicando lo que a Vd. le gusta hacer durante sus vacaciones.

MODELO 3   El viaje de Rafael a Canarias

El año pasado, después de Navidad, Rafael fue una semana a Canarias. Le gusta mucho ir en esa época porque el clima es bueno. Siempre se había quedado en Las Palmas, pero ya no le interesaban las tiendas ni los monumentos, y no podía soportar el ruido de los coches. Como prefería ir todos los días a la playa, aunque le molestaba el viento fuerte, y quería un poco de tranquilidad, decidió alquilar un apartamento en Playa del Inglés, al sur de la Isla. Después de tomar el sol le resultaba muy agradable sentarse en un café, tomar una sangría y mirar a la gente pasear por la calle. Aquellas vacaciones eran exactamente lo que necesitaba.

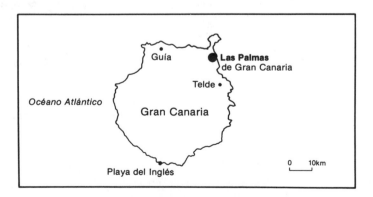

Práctica

1 Imagine que María Jesús, la novia de Rafael, le acompañó en su viaje a Canarias. Escriba una carta de María Jesús a su amiga escocesa, Nicola, en la que explica lo que les gustaba hacer cuando estuvieron de vacaciones el año pasado.

2 Escriba un párrafo similar, explicando lo que a Vd. le gustaba hacer cuando estuvo de vacaciones el año pasado.

Para expresar gustos

Me Te Le Nos Os Les	gusta encanta interesa agrada molesta	la música el teatro el fútbol
		salir comer escuchar música
	gustan encantan interesan agradan molestan	las vacaciones las flores los idiomas

Soy muy aficionado a	la música los idiomas
Es muy agradable	sentarse al sol tomar una sangría

Para expresar preferencias

Prefiero Me gusta más	la playa la Coca Cola la música
Prefiero Me gustan más	las vacaciones las flores las lenguas

UNIDAD 15

Pidiendo y dando información

MODELO 1

CURSOS DE VERANO DE ESPAÑOL PARA EXTRANJEROS

PROGRAMA CURSO DE ESPAÑOL

Por La Mañana: 15 horas semanales de clase.
Por la tarde: Audiciones, conferencias, cine, deportes, piscina, excursiones, visitas a museos.
Otras actividades: Excursiones, fiestas sociales, cursos de guitarra española.

Estancia mínima: 2 semanas.
Edad: desde 14 años, sin límite.
Grupos: 10 - 13 alumnos.
Niveles: Elemental. Medio. Superior.
Alojamiento: Residencia. Familias.

Solicitar información a Jefe de Estudios, Instituto Hispánico, San Felipe, 3 - 2º, tel. 74 21 35, Valladolid, España.

---

26 Church Street,
Londres W 7

Londres, 30 de mayo de 1987

Jefe de Estudios
Instituto Hispánico
San Felipe, 3 - 2º
Valladolid
España

Muy señor mío:

Soy estudiante de español en Inglaterra y estoy interesado en los cursos de verano que ofrece el Instituto Hispánico de Valladolid. Le ruego que me envíe información sobre los precios, duración y nivel de cada curso, fecha de iniciación y forma de inscripción. Le agradecería además que me enviase una lista de posibles alojamientos en Valladolid. Me gustaría, si es posible, vivir en una residencia de estudiantes.

En espera de su respuesta le saluda atte.

Paul Richards

Paul Richards

*atte. = atentamente

Práctica

1 Escriba una carta similar a la del modelo pidiendo información sobre uno de estos cursos en Madrid.

OPOSICIONES
ALESCO. Aragón, 219 (jto. Balmes). Cursillos especiales de preparación para ingreso en: BANCOS, CAJAS AHORRO, OFICINAS. Grupos homogéneos mañanas, tardes o noches. Esfuércese para lograr una buena colocación. Infórmese sin compromiso en T.: 25402100.

SECRETARIADO
SECRETARIA DE DIRECCION
* Curso intensivo completo de 240h.
* Horario flexible.
* Asignaturas optativas en función de las necesidades del alumno:
CEP. Rbla. Cataluña, 117.T.2281312. Centro Homologado Administrativo.

MECANOGRAFIA
ALESCO, Aragón, 219 (jto. Balmes). Aprenda MECANOGRAFIA AL TACTO. Cursillo acelerado. Pulcritud y velocidad. Mañanas, tardes o noches. Garantizamos un buen aprovechamiento. Muy útil para cualquier actividad. Infórmese sin compromiso en 2540249.

FOTOGRAFIA
CURSO DE INICIACION.
CONOCIMIENTOS PRACTICOS BUENAS FOTOS VACACIONES VERANO.
PROF. TECNICOS PROFESIONALES. ACADEMIA REX. P.º Gral. Mola. 28 Tel. 2579465-43.

MUSICA
CURSOS DE Jazz, solfeo, órgano, piano, guitarra, flauta a todos los niveles. Preparación para escuelas oficiales o bien sistema libre para interpretar sus melodías preferidas. Inf, NOVOMUSICA Maestro Nicolau, 21. Barna-21. T. 209-99-44.

DIRECCION DE MARKETING
Cursos intensivos, horario a elegir, de 10.30 a 21.30. Inscripciones, matrícula e información en Secretaría: Centro de Estudios Empresariales Pío IX, 24, Tel. 532 40 07, Madrid.

TRADUCCION E INTERPRETACION
Español, inglés, francés, alemán, italiano y portugués.
Horario flexible. Profesores especializados.
Andrade, 214, Tel. 323 00 54, Madrid. Centro de Lenguas Modernas

2 Complete esta carta pidiendo información sobre otro de los cursos.

Muy señor mío:

En respuesta a su anuncio sobre cursos de . . . . , le agradecería que tuviese la amabilidad de informarme sobre . . . . Le ruego además que me dé información con respecto a . . . . Preferiría, si es posible, vivir . . . .

En espera de sus noticias le saluda atte.

MODELO 2

Instituto Hispánico de Valladolid
San Felipe 3, 2°
Valladolid
España
Tel. 74 21 35

Valladolid, 8 de junio de 1987

Señor Paul Richards
26 Church Street
Londres W7
Inglaterra

Estimado Sr. Richards:

En contestación a su carta del 30
de mayo en que nos solicita información sobre nuestros
cursos de español para extranjeros, nos es muy grato
enviarle un folleto informativo sobre nuestro programa de
verano junto con un boletín de inscripción. Le
rogamos que rellene dicho boletín en la forma más
completa posible y que lo devuelva a nuestro Instituto
antes del 30 de junio.

Quedamos a su entera disposición
para cualquier consulta que desee hacernos.

Atentamente,

José Luis Calvo
Jefe de Estudios

Práctica

1 Rellene el boletín de inscripción y responda a la carta anterior.

BOLETIN DE INSCRIPCION. ESTUDIOS PARA EXTRANJEROS. UNIVERSIDAD DE VALLADOLID

Apellidos: .... N.º de Inscripción
Nombre: ....

Dirección ⎰ *Calle:* .... N.º .... Tel. ....
habitual ⎱ *Ciudad:* .... País: ....
Nacionalidad: .... Pasaporte: N.º ....
Expedido en .... con fecha ....
Estudios o títulos que posee: ....

....

¿Habla español? .... *¿Escribe español?* ....
¿Entiende una conversación en español? ....
¿Qué otros idiomas habla? ....
¿Vivirá en la Residencia Universitaria de Estudios para Extranjeros?

....

Solicita inscribirse en el Curso ....
de «Estudios para Extranjeros de la Universidad de Valladolid.
                    .... *de* .... *de 1980*
                              Firma:

---

2 Usted está interesado en uno de los cursos de Traducción e Interpretación de la página 59 . Complete esta carta para el Secretario de Estudios del Centro de Lenguas Modernas:

Muy señor mío:
    En respuesta a su anuncio en el diario *La Estrella*, le agradecería que me enviase más información sobre los cursos de traducción e interpretación.

[Diga: — cuál es su idioma materno
       — qué otros idiomas habla Vd.
       — dónde estudia español
       — cuánto tiempo hace que lo estudia
       — si tiene alguna experiencia en traducción e interpretación
       — por qué quiere hacer este curso]

En espera de su respuesta le saluda muy atentamente,

Para pedir información

Le ruego Le agradeceré	que	me envíe un folleto me dé información me informe sobre los precios
Le rogamos Le agradecemos		rellene el impreso devuelva la hoja de solicitud
Le agradecería	que	me enviase un folleto me diese información me informase sobre los precios
Le agradeceríamos		rellenase el impreso devolviese la hoja de solicitud

Para dar información

En contestación a su carta del 30 de mayo en que nos solicita información . . .
Nos es muy grato enviarle un folleto informativo.

UNIDAD 16

Invitaciones

MODELO 1

Barcelona
29 -IV- 87

Querido John :

Escribo para invitarte a pasar un mes conmigo en Barcelona durante el verano. Hay muchos sitios interesantes, tanto en la ciudad como en los alrededores, y es muy fácil conocerlos si vamos en tren.

Mi hermana estará fuera de Barcelona durante el verano, cosa que me alegra mucho, y dice que no tiene ningún inconveniente si duermes en su cuarto. Seguramente te va a gustar su colección de cassettes nuevos.

Tendrás que avisarme de la fecha y hora de tu llegada y te recogeré en el aeropuerto.

Bueno, John, espero que tus padres te dejen viajar a España y que nos veamos pronto

Abrazos ,

Fernando

Práctica

Escriba una carta similar a un amigo en España invitándole a pasar sus próximas vacaciones en su país.

95 Waldorf Road
London SW6
10 de mayo,

Querido Fernando:

Muchas gracias por tu invitación. Me hace mucha ilusión la idea de visitarte en Barcelona durante el verano y me gustaría mucho quedarme contigo un mes. Como sabes, me interesa la historia. Me dicen que hay varios museos en Barcelona y me gustaría visitarlos. También me gustaría conocer las famosas Ramblas y Montjuich.

Dale las gracias a tu hermana por la posibilidad de dormir en su cuarto — es muy amable. Me gusta mucho la música, pero preferiría aprovechar para pasear por las calles.

Pienso llegar el 25 de julio, pero de momento no sé a qué hora llega el avión. En cuanto lo sepa te aviso.

Abrazos,

John

Práctica

Vd. ha recibido una carta de una amiga en España invitándole a pasar un mes con ella en su casa. Contéstele, aceptando la invitación, indicando lo que le gustaría hacer en España.

MODELO 3

Sevilla, 8.III.86

Estimada Doctora Escalante:

El objeto de la presente es invitarle a una cena que tendrá
lugar en el Restaurante Torre del Oro el 25 de este mes. El
motivo de la cena es la inauguración del V Festival de Cine
de Sevilla en el cual se proyectarán 12 películas.

La cena empezará a las 10:00 de la noche y esperamos que Vd.
pueda tomar el aperitivo con nosotros sobre las 9.00.

Nos sentiremos muy honrados con su presencia.

Atentamente,   *Luz del Pilar Arata de Piñero*

Luz del Pilar Arata de Piñero

Práctica

Vd. está organizando una serie de charlas sobre los medios informativos en España.
Escriba una carta similar a Juan Antonio Rivas Ramírez, delegado cultural de la
Embajada de España, invitándole como huésped de honor a la cena de
inauguración.

MODELO 4

Sevilla,
12-III-86

Estimada Sra. Arata:

Le agradezco mucho la invitación a la cena de inauguración del
V Festival de Cine de Sevilla.

Lamento mucho no poder aceptarla pero es que tengo un compromiso
anterior. Me gustaría mucho cenar con Vds., pero el mismo día
llega mi madre de Venezuela y tengo que ir al aeropuerto a
recogerla.

Pienso asistir a todas las películas que se proyectarán y espero
conocerla en el coloquio de después de la primera sesión.

Atentamente,   *María del Carmen Escalante*

María del Carmen Escalante

Práctica

Durante su estancia en España Vd. recibe una invitación del representante de su
compañía en España a cenar con él y su familia en el Restaurante Pez Espada.
Escríbale, explicando que no puede aceptar su invitación, ya que tiene un compromiso
anterior.

Para invitar

Informal

Escribo para invitarte
No tengo ningún inconveniente

Formal

El objeto de la presente es invitarle	
Nos sentiremos muy honrados con su presencia	
Esperamos que pueda	tomar el aperitivo aceptar la invitación

Para rechazar una invitación

Lamento no poder aceptar la invitación	pero es que tengo un compromiso anterior porque mi madre llega de Venezuela

Para aceptar una invitación

Informal

Me gusta mucho Me hace mucha ilusión	la idea
Me gustaría mucho	ir a Barcelona

Muchas gracias por invitarme

Formal

Le agradezco mucho su invitación

Reservas

M O D E L O 1   **Una reserva de hotel**

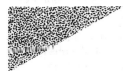

HOTELES

DEL PRADO:
481 habitaciones, 19 suites. Aire acondicionado. Música. T.V. Cafetería. Restaurante. Bar. Centro Nocturno. Salón para banquetes y centro de convenciones para 600 personas. Piscina. Estacionamiento y todos los servicios.

Av. Juárez 70.
Reservaciones: 518-00-40.

CAMINO REAL:
693 habitaciones, 38 suites. Aire acondicionado. Música. T.V. Cafetería. Magníficos Restaurantes. Bares. Centro Nocturno. Salones para banquetes y centro de convenciones hasta 2,000 personas. Piscina, Tenis y todos los servicios inclusive galería de tiendas.

Mariano Escobedo 700.
Reservaciones: 545-69-60.

Hotel Camino Real   Madrid, 8 de agosto de 1986
Calle Mariano Escobedo, Nº 700
Marbella

Muy Sres. míos:

Les ruego que me reserven una habitación doble con cuarto de baño desde el 23 hasta el 30 de agosto inclusive. Preferiría, si es posible, una habitación exterior con vista al mar. Les agradeceré que me envíen la confirmación a la mayor brevedad posible.

Les saluda muy atentamente,

Jaime López M.

Jaime López M.

Calle Sagasta, Nº 391
Madrid

Práctica

1 Escriba una carta similar a uno de los dos hoteles haciendo una reserva. Utilice algunas de estas frases:

Habitación individual / doble / de matrimonio
Con / sin cuarto de baño / ducha
Interior / exterior
Con vista al mar / a la montaña / al parque / al lago
Con pensión completa / media pensión.

2 Imagine que usted es la secretaria de una compañía. Escriba una carta a uno de los hoteles reservando el salón de convenciones. Indique cuándo ocupará el salón y el número de personas que asistirá a la convención. Pida confirmación.

3 Usted es la secretaria de una gran firma española y su jefe ha decidido dar un banquete para los representantes de su compañía y sus esposas. Escriba una carta a uno de los dos hoteles reservando el salón de banquetes. Indique cuándo lo ocupará y el número de personas que asistirá. Pida confirmación.

MODELO 2   Carta de confirmación

Hotel Camino Real
Mariano Escobedo, 700
Tel. 215 03 58
Marbella

Marbella, 14 de agosto de 1986

Sr. Jaime López
Calle Sagasta, N%391
Madrid

Muy señor nuestro:

Acusamos recibo de su atenta carta de fecha 8 de los corrientes y nos es grato informarle que le hemos reservado una habitación doble con cuarto de baño para ocho días a partir del 23 de agosto.

Lamentamos tener que decirle que para esa fecha no tenemos disponible ninguna habitación exterior con vista al mar, por lo que le hemos reservado una interior.

Le saludamos muy atentamente y quedamos a su disposición.

Alfonso Salinas

Alfonso Salinas
Gerente

Práctica

1 El presidente de un Club Deportivo ha solicitado el salón de banquetes. Escríbale una carta informándole que el salón no está libre en la fecha que él solicita. Sugiera otras fechas como alternativa.

2 Responda a la carta anterior pidiendo una reserva para otra fecha.

MODELO 3

Birmingham, 2 de agosto de 1986

Querido Nicolás:

Gracias por tu invitación para este verano. Estaré encantado de pasar algunos días en tu casa. Hoy he hecho la reserva para el sábado 10 de agosto. Llegaré a Madrid a las cuatro de la tarde en el vuelo 593 de Iberia. Me alegro que puedas venir al aeropuerto a esperarme.

Hay muchas cosas que quiero ver en Madrid. Como voy a estar muy poco tiempo ¿podrías tú reservar entradas para el fútbol? Es que me encantaría ver algún buen partido. También tengo muchas ganas de ver alguna corrida de toros y si puedes reservar entradas para una, te lo agradeceré mucho.

Bueno, nada más y hasta pronto.

Paul

Práctica

1 Usted va a pasar unos días en casa de un amigo de habla española. Escriba una carta confirmando su llegada y pida a su amigo que reserve entradas para uno o más espectáculos, por ejemplo: teatro, tablao flamenco, una carrera de automóviles, un partido de tenis, etc.

2 Lea esta nota. Es una nota de su amigo para usted.

Paul:

He reservado dos entradas para el partido de esta tarde a las 3,30. Volveré a casa a eso de las 2,00.

Nicolás.

Escriba usted una nota similar a un amigo diciéndole que ha reservado entradas para el cine, o teatro, flamenco, corrida de toros, tenis, etc.

Reservas

Les ruego que me reserven	una habitación doble una habitación exterior

Le hemos reservado	una habitación doble una habitación interior

¿Podrías tú reservar entradas	para el fútbol? para una corrida de toros?

Otras frases útiles:

Les agradeceré que me envíen la confirmación a la mayor brevedad posible.

Nos es grato informarle de que le hemos reservado una habitación.

Preferiría una habitación exterior.

Lamentamos tener que decirle que para esa fecha no tenemos disponible ninguna habitación exterior.

Si puedes reservar entradas para una corrida de toros te lo agradeceré mucho.

Solicitando trabajo

M O D E L O 1

EMPRESA INTERNACIONAL
precisa
SECRETARIA
DE DIRECCION BILINGÜE

REQUERIMOS
- Perfecto inglés, hablado y escrito (preferible lengua materna).
- Taquigrafía en Inglés y Español.
- Mecanografiado de cuadros numéricos.
- Experiencia en puesto similar.
- En caso de extranjera, es indispensable posesión de Permiso de Trabajo.

OFRECEMOS
- Integración en Empresa de primer orden en su especialidad.
- Semana laboral de cinco días.
- Servicio de cafetería por cuenta de la Empresa.
- Beneficios sociales complementarios.
- Sueldo interesante en consonancia con aptitudes.

Escriban al Sr. Pedro Ruiz, Jefe de Personal, Euroquímica S.A.,
Apartado 1325, Madrid.
Ref. M. 1229273

Sr. Pedro Ruíz   Valencia, 30 de octubre de 1986
Jefe de Personal
Euroquímica S.A.
Apartado 1242
Madrid.

Muy Sr. mío:

                        Ref: Secretaria

        En relación con el anuncio aparecido en el diario
La Nación de fecha 28 de octubre, deseo solicitar la plaza de
Secretaria de Dirección bilingüe. Le agradecería que me
enviase un impreso de solicitud de empleo.

        En espera de sus gratas noticias le saluda
atentamente.

                        Gloria Marcial
                        Gloria Marcial

Calle José Antonio, 658
Valencia

Práctica

1 Escriba una carta similar en respuesta a uno de estos anuncios.

AGENTES DE VENTAS

Deseamos formar para nuestro Departamento Comercial **SE EXIGE:** Cultura a nivel de Bachiller. Estar desocupado (no pluriempleístas). Facilidad en el trato social. Buenas referencias.
OBTENDRA: Ingresos superiores a 76.000 ptas. Artículo y firma muy conocida. Preparación a los que carezcan de experiencia. Interesados escribir a Promotora Universal, Avda. Augusta 75, Tarragona.

ASUNTO NUEVO (España)
Ganará en casa más de 3.000 ptas. diarias. Escribir al Apartado número 1.209 de San Sebastián.

SEÑORITAS PROMOTORAS

Se Ofrece:
— Contrato mensual
— Alta en Seguridad Social
— Gastos y dietas pagados

Indispensable:
— Buena presencia
— Cultura media
— Dispuestas a viajar

Escribir al Apartado núm. 1.521 de Gerona.

EMPRESA DEDICADA AL TRANSPORTE INTERNACIONAL PRECISA

TRADUCTOR-A
INGLES, FRANCES Y ALEMAN
Escribir al Apartado 408 de Barcelona. CM

SE NECESITAN
Jóvenes con moto propia para reparto en Madrid. Interesante retribución. Telefonear al 256 32 04.

SI DE VERDAD QUIERE TRABAJAR

Precisamos personas ambos sexos de 25 a 40 años. Trabajo seguro y agradable Pueden ganar 4.000 ptas. diarias. Gastos pagados Contrato mercantil

Interesados presentarse en c. Roger de Flor, 180, 5.º planta de 10 a 1 y de 5 a 7 Preguntar Sr. Peña

---

AGENCIA DE PUBLICIDAD
precisa cubrir
UN PUESTO DE VISITADOR CLIENTES
Buena oportunidad para persona con nociones de vendedor y ganas de prosperar en el mundo de la publicidad. Ofrecemos trabajo inmediato y excelentes condiciones a concretar personalmente. Escribir historial a «La Vanguardia» Ref. 798. Pelayo, 28 Barcelona. Ref. INEM B-1-3221.

ORGANIZACION INTERNACIONAL
requiere traductores. Lengua materna inglés. Escribir al Apartado 1.311 de Barcelona.

TELEFONISTA PROFESIONAL BILINGÜE

Precisa para su sede central en Barcelona, importante Compañía de Seguros y Reaseguros

SE PRECISA:
—Experiencia mínima demostrable 4 años
—Dominio del idioma francés hablado y conocimientos de inglés
—Trabajará con centralita ERICSSON ASB 900. de 40 líneas

SE OFRECE:
—Integración en plantilla
—Retribución bruta anual 800.000 ptas.
—Lugar céntrico de trabajo
—Jornada laboral de 9 a 14 y de 15 a 18 horas todo el año
Interesados escribir manualmente adjuntando curriculum vitae y fotografía al n.º2.158 de Publicidad Fontán, c. Trafalgar, 4. Barcelona-10.
Ref. Inem B-1/2045

2 Escriba una carta solicitando información sobre las condiciones de trabajo de uno de los puestos. Pida también información sobre las actividades de la empresa que pone el anuncio.

Euroquímica S.A.
Calle de Joaquín García Morato, 736, Planta 6ª, núm. 14
28002 Madrid
Tel. 253 61 00 – Telex: 74022

Madrid, 5 de noviembre de 1986

Srta Gloria Marcial
Calle José Antonio, 658
Valencia — 1

Estimada Srta Marcial:

Acusamos recibo de su atenta carta de fecha 30 de octubre
en la que nos solicita un impreso de Solicitud de Empleo
para la plaza de Secretaria de Dirección Bilingüe.

Adjunto le remitimos un ejemplar y le rogamos que la
cumplimente en letra de imprenta o a máquina y que se
sirva devolverlo a nuestras oficinas lo antes posible.

En el momento oportuno le informaremos sobre el resultado
de su solicitud.

Mientras tanto, aprovechamos para saludarla muy
atentamente.

EUROQUIMICA S.A.

Pedro Ruiz Villanueva
Jefe de personal

Práctica

Responda a la carta anterior, enviando la hoja de solicitud y expresando su interés en
el puesto.

MODELO 3

FOTO

SOLICITUD DE EMPLEO

DATOS PERSONALES

Nombre _____ Apellidos _____

Lugar y fecha de nacimiento _____

Nacionalidad _____ Hembra o Varón _____ Estado Civil _____

Profesión _____ Trabajo que solicita _____

Domicilio _____ Teléfono _____

Idiomas	Regular	Bien	Perfecto
1	☐	☐	☐
2	☐	☐	☐
3	☐	☐	☐

EDUCACIÓN

CLASE	CENTRO	DESDE	HASTA	CERTIFICADOS Y TÍTULOS
Primaria				
Secundaria				
Comercial				
Universitaria				
Técnica				

Si estudia Vd. actualmente,
¿Cuántas horas diarias? _____ ¿Qué clase de estudios? _____

REFERENCIAS

Nombre y apellido	Dirección	Ocupación
1		
2		

HISTORIAL DE TRABAJO

Puestos desempeñados empezando por el más reciente:

Empresa	Dirección	Puesto	Desde	Hasta
1				
2				
3				

Nota: Si desea ampliar su Curriculum Vitae use una hoja adicional

_____ _____
Fecha   Firma del Solicitante

Práctica

1 Imagine que usted ha respondido a uno de los anuncios que siguen al Modelo 1. Rellene la Solicitud de Empleo teniendo en cuenta el puesto que usted solicita.

2 Imagine que usted ha terminado el colegio y ha escrito una carta solicitando un empleo. Complete el texto de la carta con información personal:

Tengo . . . . años. Nací en (lugar) el (fecha). Estoy (estado civil). Vivo en (domicilio). Mi teléfono es el (número). Actualmente (actividad) en (lugar). Deseo solicitar la plaza de (puesto). Hablo y escribo el (idioma). También poseo ciertos conocimientos de (idioma).

Desde . . . . hasta . . . . asistí a la Escuela Primaria. Los estudios secundarios los hice en (lugar). En la actualidad estudio (curso) en (lugar) y espero obtener el (título o certificado) en (mes y año).

Desde . . . . hasta . . . . trabajé como (puesto) en (lugar). También he trabajado en (lugar) durante (tiempo). Mi sueldo actual es de (cantidad) y estaría dispuesto a aceptar un sueldo mínimo inicial de (cantidad).

Les adjunto referencias escritas por . . . . y tendré mucho gusto en proporcionarles mayor información y en entrevistarme con ustedes en el momento que consideren oportuno.

Para solicitar trabajo

Respuesta a un anuncio	En relación con el aparecido en el diario *La Nación* . . .
Expresión de deseo	Deseo solicitar la plaza de Secretaria de Dirección bilingüe.
Petición	Le agradecería que me enviase un impreso de solicitud de empleo. Le rogamos que lo cumplimente en letra de imprenta o a máquina.

UNIDAD 19

Intenciones y grado de posibilidad

MODELO 1

> Barcelona, 16 de julio de 1986.
>
> Querida Julie:
>
> ¿Cómo estás? Espero que bien. Yo, como puedes imaginar, sigo en Barcelona, aunque ya he empezado las vacaciones. Las clases, los exámenes y el colegio ya se han acabado, afortunadamente. Las notas no han ido tan mal, y gracias a ello, me quedan dos meses de auténtico descanso.
>
> ¿Qué tal por allí? Supongo que te estarás divirtiendo muchísimo, y al menos no soportarás el calor de la gran ciudad. Yo tampoco me quedaré mucho tiempo aquí porque me voy a pasar dos semanas a la playa. ¿Por qué no te vienes? Sería estupendo. Podríamos ver a nuestros amigos que veranean por allí, y seguro lo pasaríamos de maravilla.
>
> Quítate la pereza y escríbeme pronto para decirme si vienes. Si es posible, vendrás. ¡Ya te conozco!
>
> Besos, adiós.   Belén.

Práctica

1 Responda a la carta anterior diciendo a su amiga su intención de visitarla cuanto antes.

2 Usted va a hacer un viaje a Latinoamérica. Escriba una carta a un amigo diciendo qué países y ciudades piensa visitar, cuánto tiempo espera estar en cada país, dónde piensa quedarse (hotel, casa de amigos, etc.), qué sitios de interés quiere visitar, cuánto cree usted que le costará el viaje, cuánto dinero piensa llevar, etc.

Madison, 14 de abril de 1987

Asociación Interamericana de
    Intercambio Estudiantil
Avenida Los Aztecas, 482
México, D.F., México

Estimados señores:
     He leído con mucho interés su anuncio sobre
intercambio estudiantil en el periódico local y
creo que cumplo con los requisitos necesarios para
participar en dicho programa. Tengo 20 años de
edad, he terminado el segundo curso de Universidad
de español y pienso continuar con este idioma
a nivel avanzado a partir de septiembre de este año.
     Si fuese posible, me gustaría participar en un
intercambio con un estudiante mexicano de mi
misma edad.
     Le agradecería que me enviase toda la
documentación necesaria y que me pusiese en
contacto con algún estudiante interesado en
este intercambio.
     En espera de sus noticias les saluda
atentamente.

                              Stephen Morris

Práctica

1 Escriba una carta similar a la Asociación Interamericana de Intercambio
Estudiantil manifestando su interés por participar en el programa. Dé información
personal sobre sus estudios y sus planes futuros.

2 La Asociación Interamericana de Intercambio Estudiantil ha respondido a su carta
y le ha pedido mayor información sobre sus estudios y sus proyectos. Escriba una
carta a la Asociación respondiendo a estas preguntas:

¿Cuánto tiempo hace que estudia usted español?
¿Qué otros idiomas estudia?
¿Cuándo espera usted terminar sus estudios?
¿Piensa usted ir a la Universidad o espera trabajar?
¿Piensa continuar sus estudios de español?
¿Por qué quiere usted participar en este tipo de intercambio?

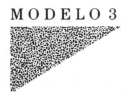

Luis:
Pasé por tu casa pero no estabas. Carmen y yo pensamos ir al cine esta noche a ver El Crimen de Cuenca. Si quieres venir con nosotros, llámame por teléfono. Me han dicho que es una buena película. Anímate.

Carlos.

Julio:
Hoy llegaré un poco tarde: pienso ir a la peluquería y luego tomaré un café con Mónica. No me esperes a comer. No creo que llegue antes de las 4.30

Celia

Rosario:
Antonio ha llamado por teléfono. Dice que lo llames a la oficina antes de las 5.00 si puedes porque es probable que después no esté. Necesita hablar urgentemente contigo.

María

Práctica

1 Usted está de visita en casa de un amigo de habla española. Escríbale una nota diciéndole que usted no estará en casa por la tarde. Diga qué va a hacer y a qué hora espera volver.

2 Usted piensa ir a una discoteca (o al fútbol, a los toros, etc.). Escriba una nota a un amigo diciendo cuáles son sus planes e invitándole a ir con usted.

Intenciones

Pienso	continuar con este idioma
Pensamos	ir al cine
Voy a	pasar dos semanas a la playa

Grado de posibilidad

Si es posible, vendré

Si fuese posible, me gustaría participar en un intercambio

Es probable que	mi hermana no esté en casa después no esté

Estoy segura de que lo pasaríamos bien Estoy seguro de que te gustará

Creo que cumplo con los requisitos necesarios No creo que llegue antes de las 4.30

Otras frases útiles:
Ojalá puedas hacerlo
Si quieres venir con nosotros, llámame
Si quisieras, podrías ocupar su habitación

UNIDAD 20

Quejas y disculpas

MODELO 1

El Director,
Hotel Sol y Mar,
03001 Alicante

153 Fordhook Avenue,
London W5 4RZ.

21 de diciembre de 1986

Muy Sr. mío:

Me dirijo atentamente a Usted para manifestarle mi inconformidad
con el servicio que me fue prestado en el hotel a su cargo.

Deseo expresarle que el mal servicio al que me refiero fue que
la calefacción no funcionaba. Llamé varias veces a la recepción
para dar aviso de este inconveniente y al mismo tiempo para que
subieran a repararla, lo cual no sucedió. Creo que en un hotel
de la categoría del que Usted es gerente, debería prestarse un
mejor servicio. Ya que es realmente importante dar una buena
imagen, le sugiero que ponga más atención al personál que trabaja
en el hotel para que esto no vuelva a repetirse en futuras
ocasiones.

Atentamente,

B. R. Mattiesson

B R Mattiesson

Práctica

Escriba una carta similar a la del modelo en la que Vd. se queja de la suciedad de su
habitación en el Hotel Emperador de Madrid.

El Director,
Canaritour,
García Morato, 86
Madrid

29 St. Mary's Rd.,
Liverpool 5
23 de Febrero de 1986

Muy Sr. mío:

Cuando estuve de negocios en España el mes pasado tuve la oportunidad
de viajar un fin de semana a Canarias con Canaritour. Tengo que
quejarme muy fuertemente de la falta de organización de su compañía.
El viaje fue una serie de desastres.

Salimos de Madrid con 5 horas de retraso y Vds. ni siquiera nos
ofrecieron un bocadillo. Llegamos a Las Palmas a las 2 de la noche y
en el hotel que Vds. nos habían reservado el director había dado la
habitación a otra pareja. Podrían haber mandado un telex explicando
el retraso. Tuvieron que arreglarnos una habitación en el hotel de
al lado y hay que admitir que éste no cumplía con los más mínimos
requisitos de servicio. A la mañana siguiente llamamos a la oficina
de Canaritour en Las Palmas. ¡No sabían nada de lo que nos había
ocurrido! ¡Vaya compañía! Tuvimos que aguantar el hotel malísimo todo
el tiempo.

Espero que Ustedes puedan reembolsarnos el dinero que les pagamos.
En espera de sus noticias,

Le saluda atentamente

Mark Russell

Mark Russell

Práctica

Durante una estancia en España Vd. y su mujer participaron en un viaje de dos días
por Andalucía. El viaje fue un fracaso total. Escriba una carta a la agencia de viajes,
detallando las dificultades y reclamando su dinero.

MODELO 3

Lourdes Miquel,
Directora,
Editorial Sans,
Homero, 570,
08036 Barcelona

43 Creffield Rd
London N5
23 de marzo de 1987

Estimada Sra:

La presente tiene por objeto hacer una reclamación con respecto a la demora en la entrega del libro "¿A Qué No Sabes?" que solicité con fecha del 23 de febrero 1987.

Le ruego que haga las averiguaciones correspondientes y que se me envíe el libro a la mayor brevedad posible.

En espera de sus prontas noticias,

Le saluda atentamente,

Dennis Stockton

Dennis Stockton

Práctica

Hace tres meses Vd. pidió un disco de música española de la Compañía Iberdisc de Madrid, y todavía no lo ha recibido. Escriba una carta a la compañía solicitando que investiguen la demora.

MODELO 4

Barcelona, 28 de marzo de 1987

Estimado señor Stockton:

En respuesta a su carta de fecha 25 de marzo, lamentamos informarle que el libro '¿A Qué No Sabes?' que usted solicitó se encuentra agotado en este momento. Esperamos tener algunos ejemplares disponibles la próxima semana y tenga la seguridad de que le enviaremos su pedido a la mayor brevedad posible.

Sentimos mucho las molestias que esta demora pueda causarle y quedamos a su disposición.

Le saluda atentamente,

Lourdes Miquel

Lourdes Miquel
Directora

E D I T O R I A L **S A N S**

Homero, 570,
08036 Barcelona

Práctica

1 Han pasado tres semanas desde que usted recibió la carta anterior. Escriba una carta a la Editorial Sans explicando que desea cancelar el pedido. Utilice algunas de estas frases:

Acuso recibo de su carta de fecha . . .
Aún no he recibido el libro . . .
Siento tener que cancelar el pedido.

2 Un/a amigo/a suyo/a le ha escrito desde España pero usted ha tardado mucho tiempo en responder a la carta. Escriba disculpándose y explique la razón de la demora. Utilice algunas de estas frases:

Siento / Lamento no haberte escrito antes, pero . . .
Siento mucho / Lamento mucho no haber respondido antes a tu carta, pero . . .
Espero que me disculpes por no haberte escrito / respondido antes, pero . . .

Quejas

Tengo que Me dirijo a Vd. para	hacer una reclamación quejarme fuertemente manifestarle mi inconformidad con el servicio

Espero Ruego Sugiero	que	haga las averiguaciones correspondientes puedan reembolsarnos el dinero ponga más atención

Disculpas

Lamentamos Sentimos	las molestias que pueda causarle

Lamento Siento	mucho	no haberte escrito antes no haber respondido tu carta

Espero que me disculpes por	no haberte escrito antes no haber respondido a tu carta

VOCABULARIO

A

a la orilla de	on the banks of
a largo plazo	longterm
a partir de	from
a través de	throughout
abeto *m.*	fir tree
abrazos *m. pl.*	best wishes, yours
aburrimiento *m.*	boredom
acabar	to finish
acero *m.*	steel
acompañar	to accompany
acordarse de	to remember
acostarse	to go to bed
acusar recibo	to acknowledge receipt
además	besides
adjuntar	to enclose
afeitarse	to shave
afición *f.*	hobby
afortunadamente	fortunately
agotado	out of print
agradable	pleasant
agradar	to please
agradecer	to thank
aguacate *m.*	avocado pear
aguantar	to put up with
aire acondicionado *m.*	air conditioning
ajo *m.*	garlic
al igual que	similar to
al mediodía	at midday
alcanzar	to reach
alegrarse de	to be pleased about
alegre	lively
alemán / alemana	German
almuerzo *m.*	lunch
alojamiento *m.*	accommodation
alquilar	to rent
alrededores *m. pl.*	surrounding areas
ama de casa *f.*	housewife
amable	friendly
ambos/as	both
andar	to walk
animarse	to liven oneself up
antena *f.*	aerial
anterior	previous
anuncio *m.*	advertisement
apagar	to turn off
apartado *m.*	box number
apellido *m.*	surname
aprender	to learn
aprovechamiento *m.*	success
aprovechar	to make (good) use of, to use
apunte *m.*	note
árbol *m.*	tree

armario *m.*	wardrobe
arreglar	to arrange
arreglo comercial *m.*	commercial agreement
asignatura *f.*	subject (academic)
asistir a	to be present at
antentado *m.*	attack
atentamente	Yours faithfully
atento	kind, polite
atracador *m.*	thief
atraco *m.*	robbery
audición *f.*	concert
aumentar	to increase
aún	still
aunque	although
auricular *m.*	headphones
auxiliar *m. & f.*	assistant
avenida *f.*	avenue
avería *f.*	breakdown
averiguación *f.*	investigation
avisar	to advise, to let know
ayudar	to help

B

banda: de dos bandas	which has two wavebands
banderín *m.*	little flag
banquete *m.*	banquet
bañera *f.*	bath tub
barandilla *f.*	hand rail
basura *f.*	rubbish
beneficios sociales complementarios *m. pl.*	fringe benefits
besos *m. pl.*	love
bienestar *m.*	wellbeing
bigote *m.*	moustache
bilingüe	bilingual
bocadillo *m.*	sandwich
bolsillo *m.*	pocket
bonito	pretty
bufet *m.*	sideboard

C

cada	each
caja de ahorro *f.*	savings bank
calefacción *f.*	heating
calle *f.*	street
cambio *m.*	(ex)change
carrera *f.*	race
cartel *m.*	poster
cartera *f.*	briefcase
casado/a	married
castaño	brown
cebolla *f.*	onion
cena *f.*	dinner

centenario	very old
centro nocturno *m.*	night club
clavel *m.*	carnation
club social *m.*	social club
colchón matrimonio *m.*	double mattress
colocación *f.*	job
coloquio *m.*	discussion
complejidad *f.*	complexity
compromiso *m.*	engagement
compuesto	compound
conferencia *f.*	lecture
conflicto *m.*	conflict
conocimiento *m.*	knowledge
conseguir	to get
conserje *m.*	caretaker
consonancia	
en __ con	in accordance with
contador de la luz *m.*	electricity meter
contestación *f.*	answer
contestar	to reply
continuación, a __	following
convención *f.*	conference, convention
convenio *m.*	agreement
corrida de toros *f.*	bullfight
corrientes, los __	the present month
creyente *m. & f.*	believer
cruzar	to cross
cuadro *m.*	chart, table
cualquier	any
cuarto *m.*	room
cuarto de aseo *m.*	cloakroom
cubrir	to cover
cucharada *f.*	tablespoonful
cucharadita *f.*	teaspoonful
cuello *m.*	collar
culantro *m.*	coriander
cultivar	to grow
cumpleaños *m.*	birthday
cumplimentar	to fill in
cumplir	to fulfil
cursillo *m.*	short course
cursillo acelerado	intensive course
curso *m.*	course, academic year

Ch

chalet *m.*	house
charla *f.*	talk, lecture

D

dar a	to look on to
de momento	at present
deberse a	to be due to
dejar	to leave
delegado cultural *m.*	cultural attaché
delgado	thin
demora *f.*	delay
deporte *m.*	sport
descanso *m.*	rest
desear	to wish
desempeñar	to carry out
despacho *m.*	study
despedida *f.*	ending
desplazarse	to go
devolver	to return (something)
digno de	worthy of

dirección *f.*	management; address
dirigirse a	to write to
disculpar	to forgive
disculparse	to excuse onself
discutir	to discuss
disfrutar	to enjoy
disponible	available
disposición *f.*	disposal
dispuesto a	ready to
distinguido	distinguished
Distinguido señor	Dear Sir
divertido	amusing
divertirse	to have a good time
doblar	to turn
domicilio *m.*	address
dominar	to have a perfect knowledge of
dormitorio *m.*	bedroom
ducha *f.*	shower
duración *f.*	duration

E

ejemplar *m.*	copy
elegir	to choose
elemental	beginners
embajada *f.*	embassy
empleo	job
empotrado	built in
empresa *f.*	company
en cambio	on the other hand
en caso de	in the event of
en cuanto	as soon as
en la actualidad	at present
encabezamiento *m.*	beginning, heading
encantado	pleased
encantar	to please very much
encontrarse	to be
enfermería *f.*	first aid service
enfrente de	opposite
enseñar	to show
entrada *f.*	ticket (theatre etc.)
entrada mínima *f.*	minimum deposit
entrevistar	to interview
enviar	to send
época *f.*	time, period
equipo *m.*	team
escaso	slight
escocés/a	Scottish
esforzarse	to try hard
esfuerzo *m.*	effort
espectáculo *m.*	show
espera, en __ de	waiting for, looking forward to
establecer	to set up
estación de ferrocarril *f.*	railway station
estacionamiento *m.*	parking
estado civil *m.*	marital status
estado *m.*	condition
estampado	printed
estancia *f.*	stay
estante *m.*	shelf
estar de acuerdo	to agree
estilo *m*	style
Estimado señor	Dear Sir
estudios empresariales *m. pl.*	business studies

expedir	to issue
exterior	outside
extranjero	foreign
extraplano	extra-thin/flat

F

fábrica f.	factory
facilidades f.	terms
falta de	lack of
familiar	informal; family (adj.)
fecha f.	date
felicitar	to congratulate
ferrocarril m.	railway
fiesta de fin de curso f.	end of course/year party
firma f.	signature
flauta f.	flute
folleto m.	brochure
formación f.	training, upbringing
francés/a	French
fuente f.	source
fuera de	out of
funcionario m.	civil servant

G

galería de tiendas f.	shopping arcade
galés/a	Welsh
ganadería f.	cattle rearing
ganar	to earn
garantizar	to guarantee
gas propano m.	butane gas
girar	to turn
gordo	fat
gratuito	free
guardería infantil f.	nursery

H

habitación f.	room
hacer ilusión	to excite, please very much
hasta	until
hembra	female
hervir	to boil
historial m.	curriculum vitae
hoja de solicitud f.	application form
horario m.	timetable
horno m.	oven
huésped m.	guest

I

idioma m.	language
ilusión f.	excitement, pleasure
impreso m.	form
impreso de solicitud m.	application form
inauguración f.	opening
inaugurar	to open
inconformidad f.	dissatisfaction
indispensable	essential
individual	single (room)
industria conservera f.	canning industry
industria pesquera f.	fishing industry
informarse	to find out about
informe m.	report
inglés/a	English
ingreso m.	entry
iniciación f.	starting
inoxidable	rustproof

inscribir	to enrol
inscripción f.	enrolment
instituto m.	school
integrarse	to become a member of
intercambio m.	exchange
interior	inside, looking on to patio
interpretación f.	interpreting
interpretar	to interpret

J

jardinera f.	plant holder
jaula f.	cage
jefe m.	boss
jugar un papel	to play a role
junto	together

L

lago m.	lake
lamentar	to be sorry, regret
le saluda atentamente	Yours faithfully
lengua materna f.	native language
letra de imprenta f.	block capitals
liquidar	to sell off
lograr	to achieve
luchar	to struggle
luego de	after
lugar m.	place

M

madera f.	wood
manga f.	sleeve
manifestar	to show
mantener	to maintain
marca f.	make
marchar al par	to be in step
matrícula f.	enrolment
mayor	greater, older
mecanografía	typing
mecanografía al tacto	touch typing
mecanografiado	typed
media pensión f.	half board
medio	intermediate
medios informativos m. pl.	mass media
medir	to measure
melodía f.	melody
menor	less
merecer	to deserve
mesita f.	bedside table
mientras tanto	in the meantime
militar m.	officer
misa f.	mass
mobiliario m.	furniture
modales m.	manners
molestar	to annoy
moler	to mash, grind
mono	pretty
moreno	brown
motivo m.	reason
Muy señor mío	Dear Sir (from one writer)
Muy señor nuestro	Dear Sir (from more than one writer)
Muy señora mía	Dear Madam (from one writer)
Muy señora nuestra	Dear Madam (from more than one writer)

Muy señores míos	Dear Sirs (from one writer)
Muy señores nuestros	Dear Sirs (from more than one writer)

N

nacimiento *m.*	birth
nadar	to swim
natación *f.*	swimming
necesitar	to need
nevera *f.*	refrigerator
nivel *m.*; a dos niveles	level; split level
nombre *m.*	name, Christian name
norteamericano/a	North American
nota *f.*	mark
noticias *f. pl.*	news
numérico	numerical

O

objeto *m.*	aim
obligatorio	compulsory
obrero *m.*	labourer
ocasión, de __	special offer
ofis *m.*	dinette
ofrecer	to offer
oposiciones *f. pl.*	competitive examinations
optativo	optional
oreja *f.*	ear

P

palmera *f.*	palm tree
pan en rodajas *m.*	slices of bread
pareja *f.*	married couple
párrafo *m.*	paragraph
partido *m.*	match
pasarlo de maravilla	to have a marvellous time
pasatiempo *m.*	pastime
pasear	to stroll
pedido *m.*	request, order
pedir	to request
peinarse	to comb one's hair
película *f.*	film
pensión completa *f.*	full board
pereza *f.*	laziness
perezoso	lazy
permanecer	to remain
permiso de trabajo *m.*	work permit
picado	chopped
pila *f.*	battery
pimentón *m.*	paprika
pintar	to paint
piscina *f.*	swimming pool
planta baja	ground floor
por allí	down there
por cuenta de	at the expense of
por parte de	by
portátil	portable
postal *f.*	post card
pozo *m.*	well
practicante	practising
precio *m.*	price
preparación *f.*	training
presente, la __	this letter
prestar	to give
pretensiones económicas *f. pl.*	desired salary

primera orden, de __	first class
primo/a *m./f.*	cousin
principiante *m.*	beginner
pronto	soon
proporcionar	to provide
provisto de	having, provided with, possessing
próximamente	soon
proyectarse	to be shown (film)
puesto *m.*	job, position
pulcritud *f.*	tidiness

Q

¿Qué tal?	How are things?
quedar	to remain
quedarse	to stay
quehaceres *m. pl.*	housework, tasks
quejarse	to complain
Querido	Dear ....
quitarse	to take off

R

realizador/a *m./f.*	producer
receta *f.*	recipe
Recibe un abrazo de	With best wishes from
reclamar	to reclaim
recordar	to remember
redacción *f.*	writing; essay
redactar	to write
redondo	round
reembolsar	to reimburse
regalar	to give a present
regalo *m.*	present
regar	to water
relato *m.*	story
rellenar	to fill in
remitir	to send
requerir	to require
requisito *m.*	requirement
residencia *f.*	hall of residence
respuesta *f.*	reply
retraso *m.*	delay
revista *f.*	magazine
rodeado de	surrounded by
rodear	to surround
rogar	to ask
ropa *f.*	clothes
ruido *m.*	noise
rústico	country style

S

sacar una entrada	to buy a ticket (theatre etc.)
salón comedor *m.*	dining area
salón *m.*	assembly room
saludar	to greet
secador *m.*	drier
secretaria de dirección *f.*	personal assistant
seda *f.*	silk
seguridad *f.*	security
semáforo *m.*	traffic lights
semana laboral *f.*	working week
sencillo	simple; single (room)
ser grato	to be pleasing
simpático	friendly

sin compromiso	without obligation
sin embargo	nevertheless
sitio *m.*	place
soler	to usually (do something)
solfeo *m.*	conducting
solicitar	to request
soltero/a	single, unmarried
somier *m.*	spring mattress
sonrisa *f.*	smile
soportar	to stand, bear
suave	gentle
subterráneo	underground
suciedad *f.*	dirt, dirtiness
sueldo *m.*	wages
sugerir	to suggest
superficie *f.*	surface area
superior	advanced

T

tablao flamenco *m.*	flamenco show
tanto	so much
tanto . . . como	both . . . and
taquigrafía *f.*	shorthand
taquillón *m.*	cupboard, locker
tardar	to take (time)
templado	warm
temporada *f.*	season
tener derecho	to have the right
tener en cuenta	to bear in mind
tener inconveniente	to mind
tener la seguridad	to rest assured
tener lugar	to take place
terraza *f.*	patio, verandah, balcony
tía *f.*	aunt
tiempo verbal *m.*	tense
tienda *f.*	shop
tintorería *f.*	dry cleaners
tío *m.*	uncle
título *m.*	qualification
torcer	to turn
traducción *f.*	translation
tranquilidad *f.*	quietness
tratarse	to involve, be a question of

U

unirse	to join together
urgir	to be urgent
útil	useful
utilizar	to use

V

valor, por __ de	with a value of
varón	male
velocidad *f.*	speed
veranear	to spend summer holidays
volver	to return